시에나캄포광장 바닥

어느 노 부부의
성지순례 이탈리아 중남부

시에나/아시시/산조반니 로톤도/아말피/소렌토/나폴리/로마

일러두기

이 책은 천주교 신자인 노 부부가 금혼식을 기념하여 세계 3대 성모 발현지인 과달루페, 파티마, 루르드를 포함한 스페인의 2대 성지인 산티아고 데 콤포스텔라와 사라고사를 순례하면서 기록한 제1편 지구한 바퀴에 이어서 이태리 중부 시에나, 아시시, 산 조반니 로똔도 그리고 나폴리와 로마의 숨은 성지와 성당을 여행하며 기록한 제2편입니다.

주로 종교적 관점에서 주관적 입장으로 집필을 하고 독자를 가급적 가톨릭 신자를 대상으로 하다 보니 가톨릭과 거리가 먼 경우에는 표현한 내용이 혹 거북스러운 느낌을 받을 수도 있습니다만 이런 경우에는 집필자의 의도를 이해하여 주시기를 부탁드립니다.

이 책에 사용한 사진은 대부분 필자가 직접 촬영하였으며 아주 일부는 해당 여행지나 방문한 성당/성지의 홈페이지 등에 공개된 화면과 내용을 인용하였습니다. 깊이 있는 내용 설명이나 역사적 사실 등은 현지가이드(오디오 가이드 포함)의 설명과 위키피디아 등의 자료를 참고하였습니다.

순례도중 우리는 "순례는 호숙 호식하는 관광여행이 아니라 주님께 의탁하고 성당마다 기도와 고해 성사를 드리는 고행길이 되어야 은총을 많이 받는 참 순례가 될 것이며, 조금이나마 숙식비용을 절약하여 순례 길에서 보고 느끼고 받은 주님의 은총을 기록으로 남겨 관심 있는 많은 신자들과 나누어야겠다는 생각을 하고" 이 책을 발간하였습니다.

최초의 발간 의도는 저의 일평생에 고마웠던 지인들에게 보답하는 마음의 선물로 배포할 생각이었으나 보다 널리 보급하는 게 좋겠다는 지인들의 권유에 의해서 출판하기로 결정하였습니다.

또한 연세가 많은 독자님들을 위해서 설명하는 글자의 크기를 키우고, 사진도 조금이라도 크게 하고, 내용은 가능한 한 깊이 있고 상세하게 기술하려고 노력하다 보니 1편에 비하여 글자가 좀 많아졌습니다.

순례를 떠나며

2023년 4월 프랑스 루르드를 거쳐 생장 피에 드 포를 출발하여 혼자서 산티아고 도보 순례길을 걸으며 수년 이내에 나와 한평생을 함께한 동반자 아내와 함께 이 길을 다시 와 보리라고 다짐하고나서 2025년 4월 희년의 감격과 설레임을 가지고 멕시코의 과달루페, 포르투갈의 파티마, 스페인의 산티아고 데 콤포스텔라와 사라고사 그리고 프랑스의 루르드까지 1차로 지구한바퀴 순례를 마쳤다.

40여 년 동안 "조국근대화의 기수"라는 사명감과 자부심을 가지고, 직장생활을 할 때에는 오직 일 밖에 모르고 살아오다가 퇴직을 하고나니 나에게도 이러한 행복한 시간을 주님께서 허락해 주시는구나, 이제 우리가 살면 얼마나 더 살까? 지금까지 걸을 수 있는 건강을 주신 하느님께 감사하며, 오늘의 건강은 내일 어떻게 될지 모르는 일이라 걸을 수 있을 때 한군데라도 더 가보고 죽는 게 후회 없는 삶이 될 것이리라 하는 생각에 시작했던 1차 순례길을 무사히 마치고 나니 다시 한 번 더 도전하고 싶은 마음이 생겨 이번에는 내가 가보지 못했던 이태리의 아사시와 '오상의 비오' 신부님의 성역인 산 조반니 로똔도를 포함한 중부지역의 숨어있는 성지를 순례하려고 다시 계획을 세웠다.

그래, 바로 지금 다시 출발하자, 우리 평생에 다시는 맞이하지 못할 마지막 희년이 될 올해 2025년에 이태리 성지순례도 매우 뜻깊은 일이기도 하다. '시간이 멈춘 중세도시' 시에나에서 출발하여 마지막 일정에는 전대사를 받을 수 있는 크나큰 은총이 될 로마 4대 성당의 25년마다 열린다는 희년의 문을 통과 하는 것을 계획에 포함시켰다. 앞으로 남은 인생에서 오늘이 가장 젊을 때이니까. 지금 떠나자!
예수님께서 시몬에게 "두려워하지 마라, 이제부터 너는 사람을 낚을 것이다."라는 루카복음 5장 10절의 말씀 구절을 다시 한 번 더 마음속에 새기면서 오늘도 배낭하나 둘러메고 순례를 떠난다.

2025년 9월   일 저자 손두익/시몬, 한애전/클라라

■ 목 차

15	**시에나**
17	시에나 두오모
26	파사드와 종탑
29	피콜로미니 도서관, 프레스코화
30	천국의 문
36	치기 경당
37	산조반니 바티스타 세례당
43	대성당 박물관의 걸작들
62	산 도메니코 성당
70	캄포광장
72	푸블리코 궁전
76	**아시시**
78	산 프란체스코 성당
92	아시시의 성녀 키아라 대성당
106	산 다미아노 대성당
112	산 루피노 대성당
114	산타 마리아 마조레 성당
118	산타 마리아 소프라 미네르바 성당
122	산타 마리아 델리 안젤리 대성당
132	아시시 코무네광장
138	**산 조반니 로톤도**
140	피에트렐치나의 성 비오 성역
142	산타마리아 델레 그라치에 성당
144	피에트렐치나의 파드레 비오 교회
162	**포지아**
164	포지아 대성당
166	**아말피**
168	성 안드레아 대성당

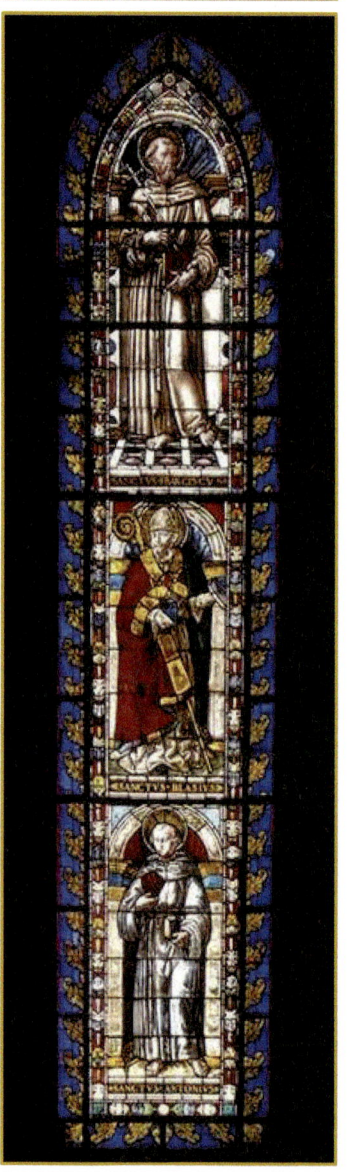

시에나 두오모의 스테인드글라스

■ 목 차

성 베드로 광장의 오벨리스크

소렌토	177
소렌토 산탄토니노 성당	179
성 필립보와 성 야고보 대성당	183
나폴리	190
나폴리 대성당	192
산 세베로 경당 박물관	204
산타마리아 라 노바 기념관	208
누오보 성	215
로마	220
바티칸시국	222
산타 마리아 마조레 대성전	224
산 파올로 푸오리 레 무라 대성전	232
산 조반니 인 라테라노 대성당	242
거룩한 계단성당	248
산타 마리아 소프라 미네르바 성당	254
산탄드레아 델라 발레 성당	260
판테온	264
성 베드로 광장	268
성 베드로 대성전	270
성 베드로의 무덤	274
성 베드로의 발다친	276
시스티나 경당	280
성 천사성	290
진실의 입	292
포로 로마노	293
콜로세움	294
산 칼리스토의 카타콤베	295
마무리 글	296

7

성지순례코스 (2) 이탈리아 중남부

코스: 피우미치노공항-로마띠브르띠니-시에나-아시시-페스카라(경유)-산조반니로똔도-포자(경유)-아말피-소렌토-나폴리-로마-피우미치노공항

순례자 축복기도

떠나며

전능하신 하느님,
하느님을 사랑하는 사람들에게 자비를 베푸시고
하느님을 찾는 사람들에게 언제나 가까이 계시니
경건한 마음으로 순례의 길을 떠나는 이 종들과 함께 하시며
저희의 길을 하느님 뜻대로 인도하시어
낮에는 구원의 그늘이 되어 주시고
밤에는 은총의 빛으로 밝혀 주시어
하느님과 함께 걸으며 목적지에 무사히 이르도록 도와주소서.
우리 주 그리스도를 통하여 비나이다. 아멘

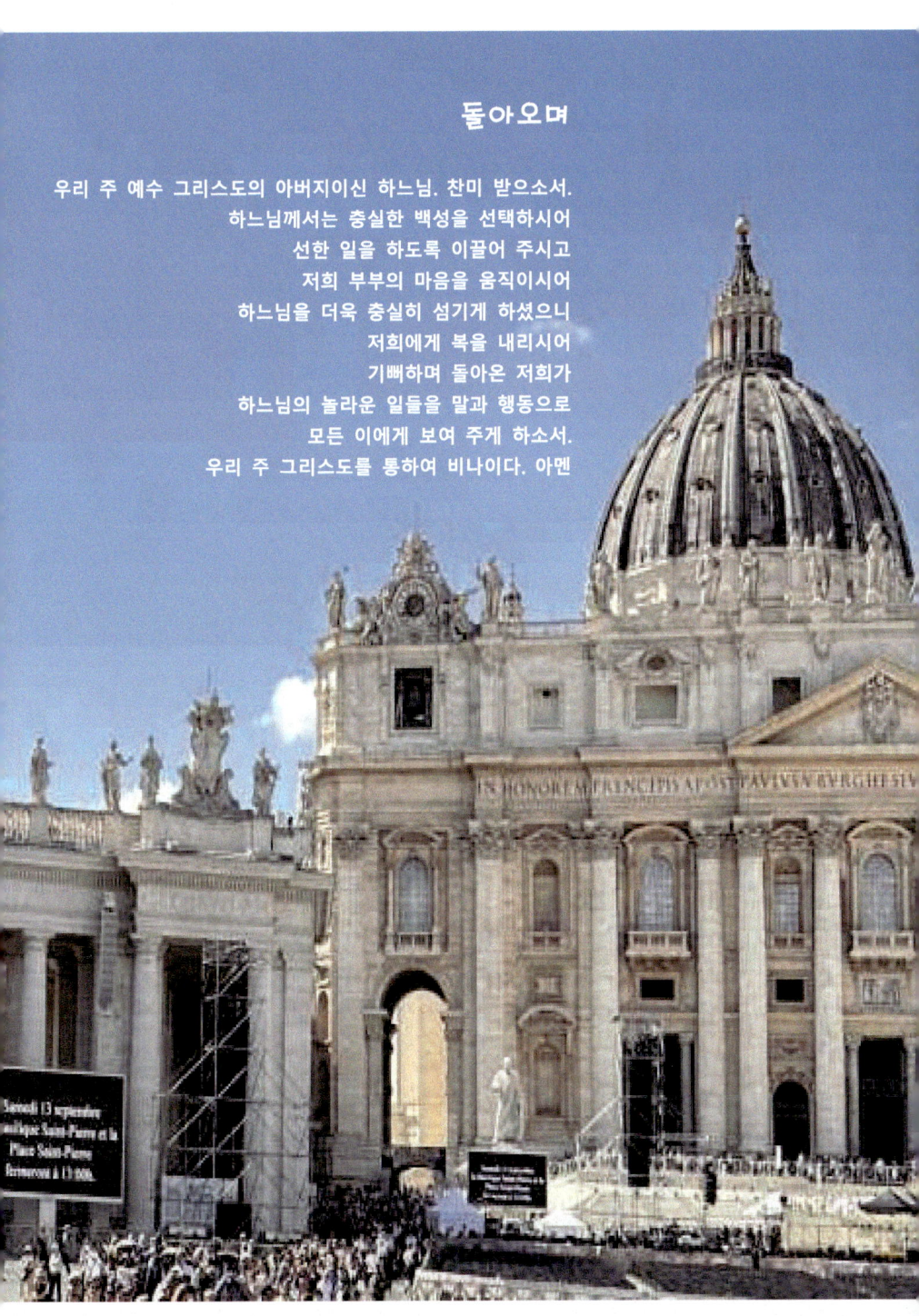

돌아오며

우리 주 예수 그리스도의 아버지이신 하느님, 찬미 받으소서.
하느님께서는 충실한 백성을 선택하시어
선한 일을 하도록 이끌어 주시고
저희 부부의 마음을 움직이시어
하느님을 더욱 충실히 섬기게 하셨으니
저희에게 복을 내리시어
기뻐하며 돌아온 저희가
하느님의 놀라운 일들을 말과 행동으로
모든 이에게 보여 주게 하소서.
우리 주 그리스도를 통하여 비나이다. 아멘

성당의 규모와 관련된 용어

바실리카(聖域, 라틴어: Basilica)는 고대에는 큰 공공건축물을 일컫는 말로 사용되었으나, 로마 제국이 기독교를 공인한 이후, 바실리카라는 용어는 역사적으로 유서가 깊고 규모가 크며 교황이 특별한 전례 의식을 거행하는 성당을 가리키는 것으로 의미가 확장되었다.

4세기 기독교 바실리카의 평면도는 세 개의 중랑(中廊)과 한 개의 후진(後陣)이 있는 구조인 신 피타고라스 주의적 바실리카의 평면도와 유사하다. 사람들을 많이 수용하기 위해서 장방형의 건물에 3~5개의 열주를 세우고 지붕을 씌워 실내공간이 넓다.

따라서 현재 바실리카에는 두 가지 뜻이 있게 되었는데, 하나는 고대 건축의 문맥에서 공공건물을 가리키는 것이고 다른 하나는 기독교 건축의 문맥에서 대규모의 유서 깊은 성당을 가리키는 것이다.

대성당(大聖堂, 영어: Cathedral)은 교구 전체의 중심이 되는 기독교의 성당을 일컫는 말이며, 교구의 관리자인 교구장주교의 주교 좌가 있기 때문에 주교좌성당(主教座聖堂, 라틴어: Ecclesia Cathedralis)이라고도 한다. "대성당"의 기능을 가진 교회는 일반적으로 로마 가톨릭교회, 동방 정교회, 성공회 및 일부 루터교회와 같이 주교 계층을 가진 기독교 교단에 특화되어 있다. 대성당은 사목구 성당, 수도원 교회, 주교 거주지와는 다른 건축 양식, 제도적 구조 및 법적 정체성을 발전시켰다. 대성당은 주교가 자신의 행정 권한 아래 있는 지역을 통치하는 곳이기 때문에 교회보다 계층상 더 중요하다.

경당, 교회(라틴어: Cappella / 영어: Chaple, Church (교회 / 예배당), Catholic Church(성당))은 일반적으로 비교적 작은 그리스도교의 기도 및 예배 장소를 말한다. 이 용어에는 여러 가지 의미가 있다. 첫째, 자체 제단이 있는 교회 내부의 작은 공간을 말한다. 둘째, 예배당은 학교, 대학, 병원, 궁전 또는 대형 귀족 저택, 성, 막사, 교도소, 장례식장, 호텔, 공항 또는 군용 또는 상선과 같이 다른 주요 목적을 가진 건물, 단지 또는 선박의 일부로 종교 간 예배 장소이다. 셋째, 예배당은 교회나 수도원 이 외딴 지역에 위성 부지로 건설한 작은 예배 장소이다. 이러한 모든 유형의 특징은 성직자가 영구적으로 거주하거나 예배당에 특별히 소속되지 않는다는 것이다.

성당의 구조에 관한 이해

이 책에서는 성당의 구조에 대한 용어가 자주 나온다. 이해를 돕기 위하여 그 건축구조상의 내용을 간략히 설명하면 아래와 같다.
출처: https://commons.wikimedia.org/w/index.php?curid=67806 위키 백과사전

신랑(身廊, Nave, 네이브) 또는 중랑(中廊)
교회(성당) 건축에서 중앙 회랑에 해당하는 중심부로서 교회 내부에서 가장 규모가 크고 넓은 부분이다. 보통 긴 의자가 설치되어 예배자를 위한 공간이다.

측랑(側廊, Aisle)
교회(성당) 건축에서 신랑 양옆에 줄지어 늘어선 기둥의 밖 혹은 옆에 있는 복도를 의미한다. 소규모 교회(성당)는 신랑과 양옆 측랑, 3랑으로 구성되며 규모가 큰 성당은 5랑으로 건설되는 경우가 많다.

익랑(翼廊, Transept) 또는 수랑(袖廊)
교회(성당) 건축에서 신랑과 직각으로 교차되어 있는 회랑을 의미한다. 보통 높이를 비롯한 폭, 규모는 신랑과 비슷하게 지어지나, 길이는 신랑보다 짧거나 같다.

교차랑(交叉廊, Crossing)
교회(성당) 건축에서 신랑과 익랑이 교차하는 부분이다. 주로 동방정교회에서는 교차랑의 천장을 거대한 돔으로 만들고, 로마네스크나 고딕양식에서는 교차랑 지붕 위에 탑을 짓는 경우도 있다. 성 베드로 대성당의 교차랑에는 베르니니의 발다키노와 제대가 놓여 있다.

주보랑(周步廊, Ambulatory)
교회(성당) 건축에서 측랑이 내진부로 연장되어 생긴, 내진과 후진을 감싸는 회랑이다. 주로 프랑스 북부 고딕양식 성당에서 발견된다.

내진(內陣, Choir)
교회(성당) 건축에서 중심부로서 교차랑과 후진, 주보랑으로 둘러싸인 공간이다. 주로 내진에 성가대석과 제단이 놓인다. 후진을 포함한 의미를 가지기도 한다. 가대(歌臺)라고 불리기도 한다. 가대사제들이 이곳 가대에서 가대복을 입고 성무일도를 노래로 바친다.

제실(祭室, Apse chapel, Chapel)
교회(성당) 건축에서 주보랑이나 후진 외벽에 반원형으로 지은 작은 예배당을 의미한다. 주로 성당의 보물이나 석관, 소규모 제단이 놓여 있다.

후진(後陣, Apse) 또는 애프스
교회(성당) 건축에서 가장 깊숙이 위치해 있는 부분으로서, 내진 뒤에, 주보랑에 둘러싸인 반원형 공간이다. 예배자나 순례객, 관광객이 성당의 중앙 현관으로 들어와 신랑을 통해 바로 보는 정면이 후진이므로, 주로 이곳에 제단이나 유물이 놓인다. 독일의 몇몇 로마네스크 교회에서는 서로 마주보는 양식으로(내진 뒤에, 배랑 뒤에) 후진을 두 개 건축하는 모습도 보인다.

배랑(拜廊, Narthex)
교회(성당)건축에서 건물의 입구 혹은 신랑과 바로 연결되는 단층의 현관이나 회랑을 의미한다.

1. 시에나

    시에나는 이탈리아 중부 토스카나 주의 도시로, 시에나 도의 도청 소재지이다. 시에나 역사 지구는 유네스코 세계유산으로 등록되어 있다. 15세기까지 상업과 교통의 중심지로 번성했고, 십자군 원정의 통과점이 되기도 했다. 이웃 도시인 피렌체와의 경쟁에서 밀려 쇠락한 덕분에 중세 그대로의 모습이 잘 보존될 수 있었다. 시청이 있는 '캄포 광장(Piazza del campo)'을 중심으로 중세 자치 도시들의 설계를 잘 보여주고 있는 이탈리아의 관광 명소이다.

    12세기부터 문을 연 시에나 대성당은 이탈리아 로마네스크-고딕 건축 양식의 완전체라고 할 수 있다. 대성당의 주 파사드는 1380년에 완성되었다. 본래 성당 건축 계획은 세계에서 가장 거대하고, 관례적으로 동서 간의 신랑이 있는 바실리카를 건설하는 것이었다. 하지만 재정 결핍과 전쟁, 1832년 페스트로 시에나 인구의 3분의1이 목숨을 잃은 역병 등이 발발하면서 계획이 틀어지게 되었고, 시에나인 들은 본래 계획에서 북남간의 트랜셉트를 추가하였다. 본 계획에서 방치된 신랑이 있는 동쪽의 벽은 여전히 남아있고, 방문객들은 건물 내부 나선형 계단을 통해서 올라가 도시의 경치를 볼 수 있다.

    고등 껍데기 모양을 한 도시 광장인 캄포 광장은 높은 만지아의 탑과 함께 있는 푸블리코 궁전 앞에 펼쳐져있다. 이 광장에서는 팔리오라고 불리는 말 경주 대회가 열린다. 그 자체로서 훌륭한 건축 작품인 푸블리코 궁전은 현재까지도 중요한 박물관으로서 기능을 하고 있다. 소장품으로는 암브로조 로렌체티의 프레스코화들과 피에트로 로렌체티, 시모네 마르티니의 훌륭한 프레스코화 등이 있다.

> **가는 길:** 로마의 띠브로띠니 역 버스터미널에서 시에나 직행 Itabus 또는 FlixBus로 약 3시간 소요되며, 열차로는 Firenze Santa Maria Novella 까지 직통열차를 타고(1시간 30분) 다시 버스나 지역열차로(1시간 20분) 시에나로 오는 방법이 있는데 여러 번 갈아타야 하는 불편이 있다. 띠브로띠니 버스터미널에서 Flixbus를 이용하는 것이 가장 편리하다.

이탈리아중부

시에나의 교통

팔리오 도시를 어떻게 돌아다닐까? 가장 좋은 방법은 단연 도보이다. 시에나는 이탈리아에서 가장 아름다운 중세 도시 중 하나이다. 이곳에서는 시간이 멈춘 듯하다. 걷고, 한 걸음씩 그 아름다움을 발견하는 것을 좋아하는 사람들에게 이상적인 여행지이다. 시에나 역사 지구로 가려면 클래식 버스와 시내 중심가의 좁은 도로와 좁은 길에 적합한 미니버스인 폴리치노를 포함한 대중교통을 이용할 수 있다. 시에나 여행 시간표, 노선 및 요금에 대한 자세한 내용은 Autolinee Toscane 웹사이트를 참조하면 된다. 티켓은 따바끼에서 판매한다.

갤러리에서 돔을 장식한 황금빛 별, 높은 제단, 그리고 조각 걸작들을 감상할 수 있다. 두초 부오닌세냐의 스테인드글라스 창문, 교황과 황제의 머리, 그리고 빗물이 흘러내리던 고대 가고일gagoyle을 가까이서 볼 수 있다. 하지만 위에서 바라본 대성당의 바닥과 예술 작품들이 경이로움을 자아낸다면, 왼쪽 본당에서 보이는 파노라마에 숨이 멎을 듯 감탄할 것이다. 산 도메니코 대성당, 토레 델 만지아, 그리고 시에나 전체가 발아래에 펼쳐져 있어 마치 세상의 꼭대기에 있는 듯한 기분을 느낄 수 있다. 왼쪽 본당에서는 포르테차 메디치와 몬타뇰라 세네세까지 펼쳐지는 멋진 파노라마를 감상할 수 있으며, 피아자 델 두오모가 내려다보이는 테라스에서는 산타 마리아 델라 스칼라 박물관 단지를 감상할 수 있다.

시에나는 토스카나 주의 도시로, 시에나 도의 도청 소재지이다. 역사 지구는 유네스코 세계유산으로 등록되어 있다. 15세기까지 상업과 교통의 중심지로 번성했고, 십자군 원정의 통과점이 되기도 했다. 이웃 도시 피렌체와의 경쟁에서 밀려 쇠락한 덕분에 중세의 모습이 잘 보존될 수 있었다. 캄포 광장을 중심으로 중세 자치 도시들의 설계를 잘 보여주고 있는 이탈리아의 관광 명소이다

시에나 두오모 (산타 마리아 아순타 대성당)
Duomo di Siena / Siena Cathedral

1 순례지

이탈리아에서 가장 훌륭한 고딕 양식의 교회 중 하나이며, 시에나에서 가장 중요한 명소인 시에나 두오모(대성당)는 내부와 외부 모두 놀랍도록 아름다우며, 당시 이탈리아 최고의 예술가인 니콜라와 조반니 피사노, 도나텔로, 핀투리키오, 로렌초 기베르티, 베르니니의 작품을 소장하고 있다. 현재 형태의 대성당은 1229년에 건축이 시작되었고, 돔은 1264년에 완공되었다. 1317년경에 성가대석이 세례당 위로 확장되었고, 그로부터 불과 20년 후, 시에나 시민들은 이탈리아에서 가장 큰 고딕 양식 건물이 될 거대한 확장을 계획했다.

시에나두오모의 파사드 1층은 르네상스, 2층은 고딕 양식이다.

기존 교회는 100미터가 넘는 새 교회의 익랑(transept)이 될 예정이었고, 새 본당은 90도 각도로 기울어졌다. 하지만 이 웅장한 계획은 기초가 추가된 무게를 감당할 수 없다는 사실이 밝혀지고, 1348년 전염병으로 시에나 인구가 크게 감소하면서 무산되었다.

시에나 대성당 정면과 종탑

대성당의 걸작들/대리석 바닥

시에나 대성당 내부에는 수 세기에 걸쳐 제작된 수많은 걸작들이 보존되어 있다. 여러 모로 뛰어난 이 작품은 바사리가 "지금까지 만들어진 것 중 가장 아름답고, 크고, 웅장하다"라고 극찬한 바닥이다. 조르조 바사리의 정의에 따르면, 14세기에 시작되어 19세기에 이르러서야 완성되었다. 56개의 상감 세공을 위한 준비 그림은 시에나 출신의 저명한 화가와 조각가들이 제공했다.

단, 핀투리키 오로 알려진 베르나르디노 디 베토는 1505년 콜레 델라 사피엔 차에 상감 세공을 의뢰 했다. 다양한 예술가들의 아이디어를 바닥에 옮기는데 사용된 기법은 대리석 상감 세공과 그래피토이다. 그 다음에는 색색의 대리석을 더해 마치 나무상감 기법처럼 겹겹이 쌓아 올렸는데, 이 기법을 마모리얼 상감 기법이라고 한다.

피콜로미니 도서관

후진의 북쪽에는 르네상스 양식으로 만들어진 피콜로미니 도서관 입구가 있다. 프란체스코 피콜로미니(교황 비오 3세)가 숙부인 교황 비오 2세의 장서를 보관하기 위해 세웠는데, 실내에 15세기의 채색된 성가집 등이 전시되어 있다. 도서관 입구 중앙에는 로마시대에 모각된 그리스의 3명의 신의 조각상이 있다.

내부에 있는 일련의 프레스코 화는 핀토리코와 그의 제자들이 피콜로미니가 출신의 교황 비오 2세의 생애를 그린 작품이다. 대성당의 내진 밑에는 세례자 성 요한에게 바친 세례실이 있으며, 중앙에 케르차, 도나텔로 그리고 로렌초 기베르티의 장엄하고 화려한 부조로 장식된 15세기의 세례반이 있다.

이탈리아중부

파사드와 종탑 Façade and Campanile

　조반니 피사노의 디자인과 조각의 걸작으로 손꼽히는 대성당의 정면은 숨 막힐 듯 아름답다. 아름다운 장미창과 베네치아 모자이크가 녹색, 빨간색, 흰색 대리석 상감의 화려한 색감에 더해져 더욱 빛을 발한다. 이탈리아 고딕 양식의 가장 뛰어난 업적 중 하나이다. 동시대의 조각가 헨리 무어는 건물 정면에 있는 피사노의 조각품을 언급하며 그를 "최초의 현대 조각가"라고 불렀다. 파사드의 거의 전체 폭은 높이가 같은 세 개의 출입구로 채워져 있으며, 그 위에는 페디먼트 pediments※가 얹혀 있고, 양쪽 끝에는 가느다란 탑이 있다. 중앙 출입구 위에는 장미창이 있으며, 나머지 공간은 아름답고 정교한 조각품들이 조화롭게 장식되어 있어 결코 과하지 않다.
페디먼트pediments: 창문이나 출입구 상부에 붙인 삼각형의 장식, 고대 그리스·로마 건축에서 맞배지붕의 박공(벽)에 생기는 삼각형 부분
　본당과 오른쪽 익랑사이의 모서리에는 로마네스크 양식의 종탑이 있다. 탑 입구에는 15세기 성모 마리아와 아기예수의 옅은 부조가 있다.

대성전 Presbytery

대 성전에는 1532년 발다사레 페루치가 만든 대형 대리석 제단이 우뚝 서 있고, 그 아래에는 청동 제단이 있으며, 양초를 든 천사들이 서 있다. 후진에는 16세기와 17세기 예술가들의 프레스코화가 있다.

원래 90개 중 남아 있는 36개의 조각으로 된 합창대 좌석은 1363년에서 1397년 사이에 지어진 후기 고딕 양식이며, 좌석 뒤에는 1503년 프라 조반니 다 베로나가 만든 매우 장식적인 상감 패널이 있다.

내부 Interior

시에나 대성당의 내부는 외관만큼이나 경외감을 불러일으킨다. 성당의 정면과 종탑을 강렬하게 만드는 어둡고 밝은 대리석 줄무늬가 성당 내부에서도 이어지며, 솟아오른 본당에 들어서는 순간 강렬한 인상을 남긴다. 이 극적인 줄무늬는 기둥의 수직적 강렬함을 깨고 위쪽 벽까지 이어진다. 흑백 줄무늬의 기하학적 무늬는 금색별이 반짝이는 놀랍도록 풍부한 파란색 천장과 대조를 이루며, 이러한 주제는 돔까지 이어진다. 본당의 둥근 아치 위에는 그리스도의 흉상과 루시우스 3세까지 171명의 교황의 흉상이 있고, 아치의 스팬드럴spandrels ✠에는 36명의 로마 황제의 테라코타terracotta✠ 흉상이 있다.

스팬드럴 : 두 아치 사이 부분, 철골 건축물의 창 위틀과 위층의 창 밑틀 사이의 패널
테라코타 : 점토를 구워서 만든 토기류, 점토를 구워서 만든 단단하고 설구운 도기

파사드 안쪽 벽에는 15세기에 만들어진 부조가 있는데, 성모 마리아의 삶과 성 안사노의 이야기를 묘사하고 있다. 16세기에 만들어진 스테인드글라스 장미창에는 최후의 만찬이 묘사되어 있다. 성가대석에도 또 다른 스테인드글라스 창이 있다.

피콜로미니 도서관 프레스코화 Piccolomini Library Frescoes

　피콜로미니 도서관은 왼쪽 통로에 있다. 1497년 로렌초 디 마리아 노가 정교하게 조각한 대리석 입구 벽 너머에 자리 잡고 있으며, 이는 르네상스 전성기 장식 조각의 훌륭한 본보기라고 할 수 있다. 1495년에 착공된 이 도서관은 프란체스코 피콜로미니 추기경(후에 교황 비오 3세)을 위해 15세기 음악 악보들을 소장하기 위해 건립되었으며, 현재 이 악보들은 이곳에 전시되어 있다.

　벽과 천장을 덮고 있는 밝은 색채의 프레스코화는 1502년에서 1508년 사이에 핀투리키오와 그의 제자들이 그린 것이다. 이 프레스코화는 추기경의 삼촌이자 교황 비오 2세가 된 에네아 실비오 피콜로미니의 삶에 대한 10가지 장면을 묘사하고 있다. 도서관 천장 또한 핀투리키오의 프레스코화로 덮여 있는데, 피콜로미니의 문장은 신화 속 인물들로 둘러싸여 있고, 그 사이를 장식적인 띠로 구분하고 있다.

이탈리아중부

천국의 문 The Gate of HEAVEN

시에나 대성당 위로 올라가는 길인 "천국의 문"은 야곱이 꿈에 보았던 사다리를 오르는 것처럼 방문객에게 열려 있다. "그 꼭대기는 하늘에 닿았고, 하느님의 천사들이 그 위로 오르내렸다." 대성당은 지붕 꼭대기로 통하는 문을 연다. 이 일련의 방들은 수 세기동안 일반에게 공개된 적이 없으며, 위대한 건축가들이 이끌고 간 노동자들을 제외하고는 아무도 접근할 수 없었다. 별이 빛나는 천장에 도착하면 신성한 사원 위를 걸으며 대성당 안과 밖의 아름다운 파노라마 전망을 감상할 수 있다. 야곱은 꿈에서 깨어나 "이곳은 참으로 신의 집이로다. 이것이 바로 천국의 문이다."라고 외쳤다. 매년 대성당은 일정 기간 동안 '천국의 문'을 연다. 평소에는 관람객에게 공개되지 않는 이 문에서 대성당에 보존된 걸작들을 새로운 시각으로 감상할 수 있다. 전문 가이드와 함께 일반인의 눈에 띄지 않는 나선형 계단을 오르면 다른 방문객들의 머리 위를 걷는 스릴을 경험할 수 있다.

천국의 문을 지나 천장에서 내려다 본 대성당의 바닥 모자이크와 대리석 기둥

천국의 문을 지나 나선계단을 따라 올라가서 내려다 본 대성당의 내부

시에나

대성당의 지붕에서 본 시에나 중심부인 만지아 탑은 대성당종탑과 같은 높이이다.

정면 파사드의 정교한 고딕 양식의 조각

정면 첨탑의 미카엘 대천사 조각상과 돔 내부

시에나

치기 경당
Cappella Chigi

2 순례지

치기경당의 주제단과 제단병풍의 조각상은 아가예수를 안은 성모님이다.

오른쪽 익랑에서 치기 경당 입구를 볼 수 있다. 이 경당은 위대한 바로크 건축가 조반니 로렌초 베르니니의 설계로 1659년에서 1662년 사이에 건축되었다. 경당안의 네 개의 조각상 중 두 개(성 히에로니무스, 막달레나)는 베르니니의 작품이고, 나머지 두 개(성 베르나르디노, 시에나의 성녀 카타리나)는 그의 제자들이 만든 것이라고 한다.

산 조반니 바티스타 세례당
Battistero di San Giovanni Battista

3 순례지

익랑 왼쪽에는 로렌초 디 마리아노가 16세기 초에 만든 아름다운 출입구가 있는 산 조반니 세례당(성 요한 세례당)은 시에나 대성당 성가대석의 마지막 경간 근처에 있다.

이 성당은 카마이노 디 크레센티노에 의해 1316년에서 1325년 사이에 건축되었다. 고딕 양식의 정면은 성당의 후진과 마찬가지로 윗부분이 미완성 상태이다.

지하실보다 몇 계단 아래에 있는 이 세례당은 성가대석이 확장될 당시 지어졌으며, 그 사타구니 모양의 둥근 천장은 무거운 기둥 위에 떠받쳐져 있다. 세례당은 베키에타로 알려진 로렌초 디 피에트로와 다른 예술가들이 1450년경에 그린 프레스코화로 완전히 뒤덮여 있다. 안타깝게도 이 프레스코화들은 19세기 후반에 서투르게 복원되어 예술적 가치가 거의 모두 훼손되었다.

청동, 대리석, 에나멜로 만들어진 육각 세례반

내부에는 두 개의 기둥으로 본당과 두 개의 통로로 나뉜 직사각형 홀이 있으며, 세례당 중앙의 대리석 상감 바닥 위에는 청동, 대리석, 유리 에나멜로 만들어진 육각형 세례반이 있다. 이것은 1417~1431년에 당시의 주요 조각가인 도나텔로("헤롯의 연회" 패널과 "믿음"과 "소망" 조각상), 로렌초 기베르티, 조반니 디 토리노, 고로 디 네로초, 야코포 델라 케르차(세례자 요한 조각상과 다른 인물상)에 의해 제작되었다. 세례당에는 대성당의 보물 중 하나인 도나텔로가 1457년에 제작한 세례자 요한 청동상이 있으며, 또한 네로초가 1487년에 제작한 알렉산드리아의 성녀 카타리나상도 있다. 이 패널의 모서리에는 6개의 인물이 둘러싸고 있는데, 그 중 2개는 도나텔로(1429년 작 믿음과 희망), 3개는 조반니 디 토리노(1431년 작 정의, 자선, 섭리)의 작품이고, "강인함"은 고로 디 세르 네로초(1431년 작)의 작품이다. 세례반 위의 대리석 제단은 1427년에서 1429년 사이에 야코포 델라 퀘르차가 디자인했다. 벽감에 있는 다섯 명의 예언자와 꼭대기에 있는 세례자 요한 대리석 조각상 역시 그의 작품이다. 청동 천사상 두 개는 도나텔로 작품이고, 세 개는 조반니 디 튜리노 작품이며, 여섯 번째 천사상은 작가 미상이다. 세례자 요한의 삶을 담은 프레스코화와 두 초상화는 핀투리키오의 작품이다.

프레스코화는 베키에타와 그의 학파(1447-1450, 신앙고백, 예언자, 무녀), 벤베누토 디 조반니, 야코포 델라 퀘르차 학파, 그리고 아마도 피에로 오리올리의 작품이다. 베키에타는 또한 후진(apse) 벽에 채찍질과 갈보리로 가는 길을 묘사한 두 장면을 그렸다.

시에나

피사노 설교단과 성전내부

피사노설교단 상부의 조각

39

이탈리아중부

지하 납골당/벽화 Crypt Frescoes

지하실로 가는 다소 우회적인 길을 찾아보는 것도 좋다. 오른쪽 익랑 바깥쪽을 돌아 미완성된 새 성당의 첫 번째 칸에 있는 출입구를 통과하면, 지하실로 들어가는 입구는 계단 첫 번째 층계참에 있는데 눈에 띄는 광경에 놀랄 것이다. 대부분의 어둡고 음울한 교회 지하실과는 달리, 이 지하실은 색채가 생생하게 살아 숨 쉬는 듯하며, 이 벽화는 최근 가장 중요한 고고학적 발견 중 하나로 손꼽힌다. 최근 우

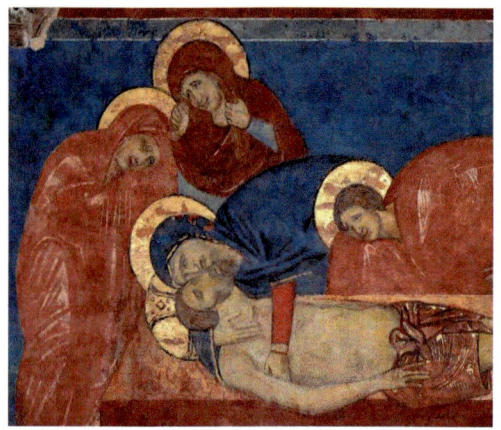

연히 발견된 이곳에는 시에나파의 위대한 화가들의 화려한 그림이 소장되어 있다. 시에나 대성당의 지하 납골당은 1999년 완전히 예상치 못하게 발견되었다. 오페라 델 두오모의 의뢰로 대성당 성가대석 아래에 위치한 성 조반니노와 성 제나로 성당의 복

원 작업 중 벽화 일부가 발견되었다. 13세기 후반에 건축된 180제곱미터 면적의 지하 납골당은 14세기에 막히고 잔해로 메워졌으며, 그 이후로 약 7세기 동안 땅속에 묻혀 숨겨진 채 남아 있었다. 새로운 방을 비우는 작업은 약 3년이 걸렸고, 결국 전 세계의 전문가, 미술사가, 고고학자들은 중세 미술사에 중요한 새로운 작품을 추가할 놀라운 발견에 직면하게 되었다. 뛰어난 그림, 독창적인 색채, 온전한 주제와 건축물들이 드러나며, 13세기 시에나 화파와 그 주요 화가들, 즉 귀도 다 시에나, 디티살비 디 스페메, 귀도 디 그라치아노, 리날도 다 시에나에 대한 추가적인 증거로 제시되었다. 완전히 미발표된 이 고품격 성서 이야기들은 13세기 벽화에 대한 지식을 넓혀 주고 시에나 화파의 기원과 발전에 대한 근본적인 증거를 제공할 수 있게 되었다.

이 장면들은 두 개의 레지스터에 구성되어 있는데, 위쪽 레지스터

는 구약성서에, 아래쪽 레지스터는 신약성서에 할당되어 있다. 그 중에서 십자가에 못 박히심, 십자가에서 내려짐, 그리스도의 매장으로 구성된 수난에 관한 세 가지 이야기가 두드러진다. 현재는 대부분 복제품이 전시되어 있다고 한다.

십자가에 못 박힌 예수

십자가에서 내려지는 예수

대성당 박물관
Museo del Duomo

4 관광지

대성당의 모든 보물을 본 후에도 시간과 에너지가 남았다면, 새 대성당으로 건축될 예정이었던 본당의 세 개의 구역에 보관되어 있는 컬렉션을 구경하는 것도 놓치지 말아야 할 부분이다.

꼭 봐야 할 하이라이트로는 니콜라 피사노의 부조, 조반니 피사노와 그의 작업실에서 만든 작품, 이아코포 델라 퀘르차가 만든 성모 마리아와 아기 예수, 성 안토니, 카시니 추기경의 웅장한 부조, 대성당 정면에 있는 조반니 피사노의 조각품, 그리고 여러 패널 그림이 있다.

이 중 가장 중요한 작품으로는 두초 디 부오닌세냐의 유명한 마에스타(지금까지 그려진 제단화 중 가장 큰 작품), 피에트로 로렌체티의 성모 탄생, 베르니니의 섬세한 금 조각품인 황금 장미, 도나텔로의 성모 마리아와 아기 예수, 피사노의 십자가, 그리고 보물고의 성 유물함, 특히 성 갈가노와 성 클레멘테의 성 유물함 등이 있다.

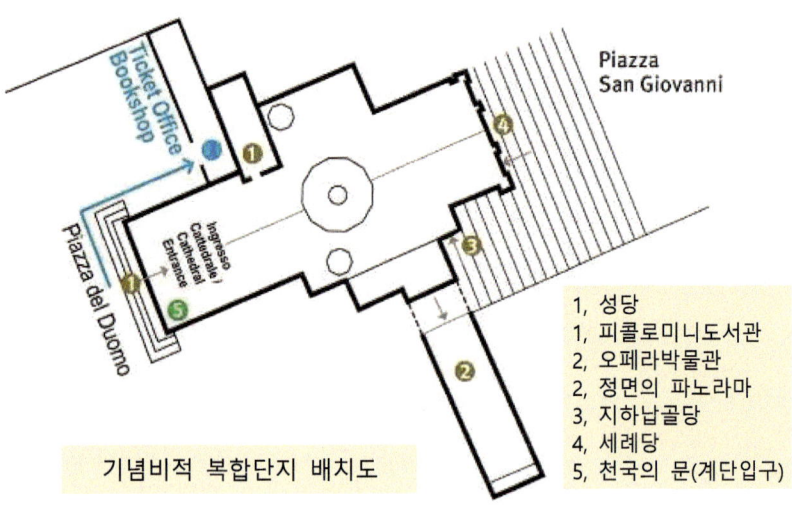

1. 성당
1. 피콜로미니도서관
2. 오페라박물관
2. 정면의 파노라마
3. 지하납골당
4. 세례당
5. 천국의 문(계단입구)

기념비적 복합단지 배치도

대 성당박물관의 걸작들
Masterpieces on the floor

5 작품

시에나 대성당 내부에는 수 세기에 걸쳐 제작된 수많은 걸작들이 보존되어 있다. 그중에서도 가장 뛰어난 예술 작품은 조르조 바사리가 "지금까지 만들어진 것 중 가장 아름답고, 가장 크고, 가장 웅장하다"라고 극찬한 바닥이다. 14세기에 시작되어 19세기가 되어서야 완성되었다. 56개의 상감 세공을 위한 준비 그림은 시에나 출신의 저명한 화가와 조각가들이 제공했다. 단, 핀투리키오로 알려진 베르나르디노디베토는 1505년 콜레 델라 사피엔차의 상감 세공을 담당했다.

지혜의 언덕 우화/콜레(1504)
여신 포르투나가 현인을 언덕에 데려다 주는 장면

다양한 예술가들의 아이디어를 바닥에 옮기는 데 사용된 기법은 대리석 상감 세공과 그래피토 기법이다. 바닥이 특별하고 독특한 이유는 사용된 기법뿐만 아니라 인물이 전달하는 메시지, 즉 지혜에 대한 끊임없는 초대 때문이라는 것이 지금까지 연구한 결과라고 한다.

이탈리아중부

피사노 설교단
Pisano Pulpit

6 작품

피사 출생으로 니콜로 피사노의 아들이며 제자인 지오바니 피사노 (Giovanni Pisano, 1250~1314)는 조각가로서 아버지와의 공동작품도 많다. 처음에는 아버지의 영향을 받아 의고대양식(擬古代樣式)을 보였으나, 아버지보다 강렬한 개성을 나타냈다. 아버지의 사후 그 영향에서 벗어나 자신의 감각을 발휘하였다. 대표작 피사노 설교단(1302~1311)은 고딕풍의 극적 감정표현에 다가서고 있다. 6개의 원주와 5개의 원주인상(圓柱人像)으로 받쳐진 원형단의 주위 8면에는 그리스도의 생애가 부조되어 있으며, 모두 사실적이고 극적인 표현의 극치를 이루고 있다. 그 밖에 시에나대성당의 공사주임으로서 그 정면장식을 담당하였으며, 파도바의 알레나 경당과 플라트 대성당에서도 제작활동을 하였다. 이들 작품은 중세에서 르네상스의 과도기적인 작품으로서의 선구적 의의가 있다. 대성당의 하이라이트라고 할 만한 작품을 하나만 꼽는 것은 거의 불가능하지만, 많은 사람들에게는 니콜라 피사노와 그의 제자들이 만든 비할 데 없는 조각 대리석인 이 설교단을 꼽는다. 1256년부터 1268년 까지 제작된 이 설교단은 토스카나 최고의 예술 작품 중 하나이다.

대리석으로 만든 피사노 설교단

시에나

주두 위에는 모든 미덕의 의인화가 새겨져 있고 설교단 바깥쪽에는 카레라 대리석으로 만든 일곱 점의 웅장한 부조가 있다. 예수 탄생, 왕들의 경배, 이집트로의 피신, 무고한 어린이들의 학살, 십자가 처형, 그리고 최후의 심판이다.

팔각형 모양의 이 건물은 화강암, 반암, 그리고 녹색 대리석으로 이루어진 아홉 개의 기둥 위에 높이 솟아 있다. 바깥쪽 기둥들은 기단과 돌사자 위에 번갈아 세워져 있으며, 안쪽 기둥들은 일곱 가지 자유 예술과 철학을 상징하는 우화 위에 세워져 있다.

45

네이브스(신랑 身廊)
Naves
7 작품

중앙 본당 입구에는 방문객에게 신성한 사원에 들어가려는 사람에게 걸맞은 태도를 취하도록 권고하는 글이 적혀있다.
CASTISSIMUM VIRGINIS TEMPLUM CASTE MEMENTO INGREDI
(성모 마리아의 가장 순결한 성전에 순결하게 들어가십시오).

따라서 우리는 여기에서 인간 지혜의 창시자인 헤르메스 트리스메기스투스의 상감(1488년 조반니 디 스테파노가 제작)을 관람할 수 있으며, 이는 측면 통로에 묘사된 시빌상(1482-83)

과 함께 4세기 기독교 작가인 락탄티우스의 디비나에 잉스티게니 소네스에서 영감을 받은 동일한 도상학적 경로의 일부이다. 바로니우스 체계에 따르면 시빌은 10개(각 본당 당 5개)로 구성되며, 그 이름은 지리적 관련성에서 따왔다.

헤르메스가 있는 패널을 지나 중앙 본당을 따라가다 보면, 쌍둥이에게 젖을 먹이는 암 늑대 조각상 앞에 이르게 되는데, 이 조각상은 원형으로 삽입되어 있고, 이 원형 조각상에는 중부 이탈리아 도시의 상징을 나타낸 8개의 작은 원형 조각상이 연결되어 있다.

Nave : 신랑(身廊, Nave, 네이브) 또는 중랑(中廊)은 교회(성당) 건축에서 중앙 회랑에 해당하는 중심부로서 교회 내부에서 가장 규모가 크고 넓은 부분이다. 보통 긴 의자가 설치되어있는 예배자를 위한 공간을 말한다.

시에나

암 늑대의 수유와 주변도시의 상징물들 (1373년 작)

음식과 풍요의 상징인 코르누피아(행운)와 테베의 크라테스(나무바구니)
재물의 덧없음을 알고 쏟아버리는 장면

47

이탈리아중부

압살롬의 암살(1447)
반역을 일으킨 다윗왕의 아들 압살롬의 처형장면

시나이 산의 모세(1531)

시에나

10개의 시빌(1482-1483)

무고한 사람들의 학살(1481)
헤롯왕이 태어 난지 2년이 안 된 아이들을 학살하는 장면

이탈리아중부

대리석 바닥 Marble Floor

줄무늬 대리석 인테리어의 극적인 효과에도 불구하고, 시선을 사로잡는 것은 바로 바닥이다. 토스카나 최고의 건축 작품들을 담당했던 피렌체의 거장 조르조 바사리는 시에나 대성당의 바닥을 "역사상 가장 아름답고, 가장 크고, 가장 웅장하다"라고 묘사했다.

56개의 패널로 이루어진 이 작품은 14세기부터 18세기에 걸쳐 완성되었는데, 카툰, 즉 그려진 디자인을 시작으로 시에나의 주요 예술가들이, 1505년 페루자 출신의 핀투리키오가 디자인한 지혜의 언덕 패널 하나만 제외하고 모두를 제작했다. 완성 과정에서 대리석 예술가들은 기법을 다듬어 처음에는 대리석에 디자인을 긁어내고 아스팔트로 선을 메웠지만, 나중에는 인타르시아나 모자이크로 다양한 색상의 대리석을 상감 세공했다. 모든 모자이크 바닥이 평범하게 보이는 것은 아니지만, 본당과 측면 통로의 바닥은 일반적으로 덮개가 없이 가림 막을 통해 보호하고 있다. 애프스apse✳의 바닥과 익랑은 미사 중 마모를 방지하기 위해 특수 덮개가 씌워져 있으며, 보통 7월과 8월 말부터 10월 말까지만 덮개가 씌워져 있다.

대성전의 바닥은 대리석으로 된 여러 가지 모자이크로 장식되어있다.

시에나

56개의 패널로 이루어진 대리석바닥의 모자이크

운명의 수레바퀴(1372년)   르메스 트리스메기투스(1488) 태양, 별, 달에 통달

황제 지기스문트의 대관식(1434) 과 압살롬의 암살(1447)

애프스 : 직사각형 건물의 평면에서 입구의 맞은편 마구리 벽면에 설치한 반원형 혹은 다각형의 돌출부, 후진

51

이탈리아중부

그림 Paintings

현재 많은 작품이 오페라 박물관과 이탈리아 및 해외 소장품에 보존되어 있지만, 시에나 대성당에는 패널, 캔버스, 프레스코화 연작 등 수많은 회화 작품이 남아 있다. 연대순으로 살펴보면, 같은 이름의 경당 안에 있는 디티살비 디 스페메(Dietisalvi di Speme)의 작품으로 추정되는 성모 마리아(Madonna del Voto)를 감상할 수 있다.

피콜로 미니 도서관은 핀투리키오와 그의 작업실에서 1503년에서 1508년 사이 제작한 프레스코화 연작으로, 비오 2세의 일대기를 눈부신 그로테스크한 천장과 함께 묘사한 유일무이한 기념물이다. 방의 벽을 따라 늘어선 특별 전시장에는 15세기와 16세기의 앤티포나리와 그라두알이 보존되어 있으며, 내부에는 시에나 예술가들뿐만 아니라 15세기 후반 시에나로 부임하여 활동했던 리베랄레 다 베로나와 지롤라모 다 크레모나의 정교하고 귀중한 세밀화가 장식되어 있다. 이들은 시에나 지역 회화에 큰 영향을 미쳤다.

대성당/페데리코 엘레오노라

대성전 구역에서는 벤투라 살림베니(1610)가 그린 네 점의 대형 프레스코화를 감상할 수 있다. 살림베니는 이복형 프란체스코 반니, 알레산드로 카솔라니와 함께 16세기에서 17세기 사이 시에나 미술의 주역으로 활약했던 화가이다. 이 그림들은 시에나의 성인과 복자들이 그려진 두 개의 측면 패널 사이에 만나의 추락, 에스더와 아하수에로의 모습을 묘사하고 있다.

마지막으로 주목할 만한 것은 대성당의 제단화 시리즈이다. 이는 일반 대중에게는 아직 잘 알려지지 않았지만, 17세기를 대표하는 작품으로 지역에 국한되지 않아 초점을 맞출 만하다.

축복받은 어른들

피콜로미니도서관 천장의 프레스코화

조각품 Sculpture

조각에 관한 한, 역사상 가장 위대한 조각가들이 시에나 대성당에서 작업했다. 1265년부터 1268년까지 설교단을 만든 니콜라 피사노부터, 위에서 언급한 정면의 조각품을 만든 그의 아들 조반니, 세례자 요한의 동상이 같은 이름의 경당에 남아 있는 도나텔로, 피콜로미니 제단을 위해 성 베드로와 성 바오로, 성 비오, 성 아우구스티누스를 조각한 미켈란젤로, 그리고 카펠라 델 보토에 있는 마리아 막달레나와 성 제롬의 예술성을 증명하는 잔 로렌초 베르니니까지 있다. 대성당에는 추기경 리카르도 페트로니의 기념비적 무덤을 만든 티노 디 카마이노, 우르바노 다 코르토나, 중앙 본당의 처음 두 기둥에 놓인 화려한 성수대와 세례자 경당의 성 토요일 우물을 기억하게 하는 안토니오 페데리기, 발다사레 페루치의 제단을 내려다보는 청동 성막을 만든 베키에타로 알려진 로렌조 디 피에트로, 조반니 디 스테파노, 촛불을 든 천사로 대성당을 장식하는데 참여한 프란체스코 디 조르조 마르티니, 높은 제단 근처 기둥에 놓인 여덟 명의 천사를 만든 도메니코 베카푸미, 교황에게 헌정한 기념비를 만든 다른 조각가들의 작품도 있다.

성수통과 시보레오/브론제오

시에나

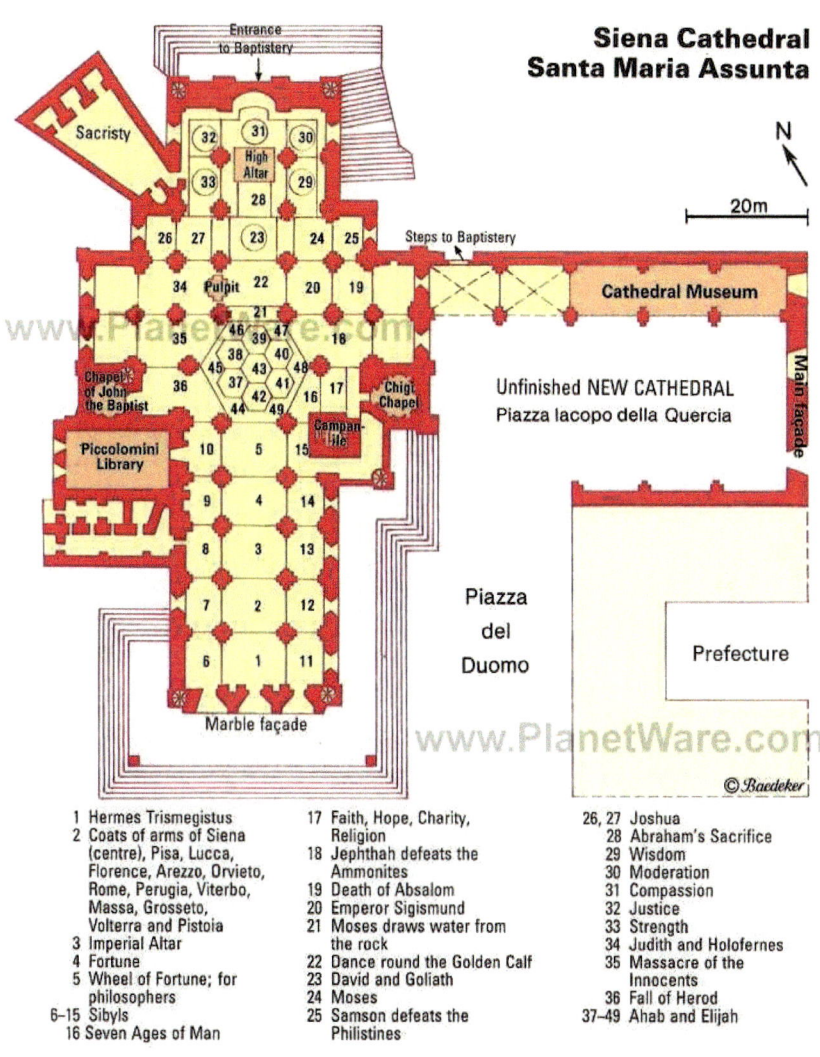

시에나 두오모 내부의 바닥 작품의 위치안내도

이탈리아중부

스테인드글라스 창문
Stainedglass Windows
8 작품

대성당은 또한 일련의 귀중한 스테인드글라스 창문을 보존하고 있다. 가장 중요한 것은 후진 위에 있었던 Duccio di Buoninsegna 의 창문인데, 최근 Museo dell'Opera로 옮겨져 복사본으로 교체되었다. 파사드의 오쿨루스에는 Guillaume de Marcillat의 학생인 Pastorino de' Pastorini가 1549년에 만든 최후의 만찬을 묘사한 스테인드글라스 창문이 있다. 바닥 중앙에서 두 명의 푸티가 지지하는, 작품을 의뢰한 교구장 Azzolino de' Cerretani의 문장과 작가의 이름과 날짜를 볼 수 있다. 또한 주목할 것은 Ulisse de Matteis 가 1886년에 만든 사도들을 표현한 돔의 드럼을 따라 있는 12개의 스테인드글라스 창문이다.

정면 파사드의 장미창 스테인드글라스에 꾸며진 최후의 만찬

시에나

기구란데이 작/가정

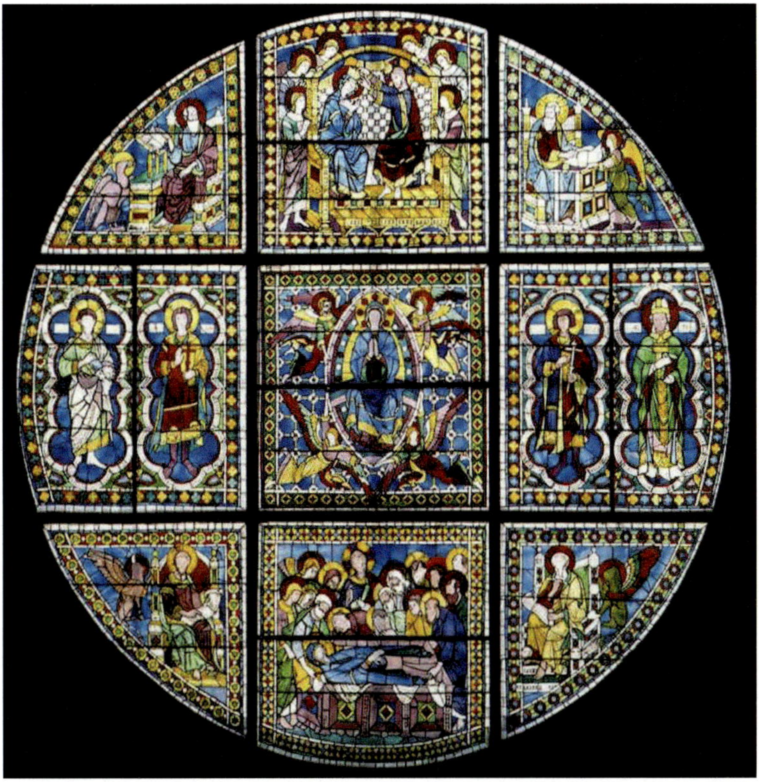

시에나 두오모의 후면 장미창 무늬

57

이탈리아중부

스테인드글라스 창문

지름 6미터의 스테인드글라스 창에는 성모 마리아의 매장, 승천, 대관식의 세 층이 세로 띠 모양으로 조각되어 있다. 삼각형 안에는 대리석 왕좌에 앉아 있는 복음사가들이 묘사되어 있고, 측면 띠에는 시에나의 수호성인 바르톨로메오, 성 안사누스, 크레센치오, 사비노가 묘사되어 있다. 배경의 강렬한 파란색, 황금색, 루비색, 자수정색, 옷의 에메랄드색, 그리고 피부색에 선택된 섬세한 분홍색이 어우러져 놀라운 색상 조합으로 빛난다.

파시아톤/파차토네 Facciatone	9 순례지

확장을 계획하였으나 흑사병으로 인해 공사를 포기한 채 남아있는 대성당의 잔재

시에나의 번영이 절정에 달했던 14세기에, 이 도시는 100미터 길이의 새로운 본당을 짓기 위한 확장 공사를 계획하고 착수했다. 기존 본당은 트랜셉트를 형성했으나, 1348년 흑사병이 도시를 휩쓸면서 인구의 3분의 2가 사망했다. 이와 함께 웅장한 새 대성당 건설 계획도 무산되었다고 한다.

미완성된 파사드는 옛 성당 옆에 다소 어울리지 않는 벽을 형성하고 있다. 파차토네(Facciatone)라고 불리는 이 건물은 불운했던 프로젝트의 유일한 잔해이다. 시에나에서 가장 잘 알려지지 않은 즐길 거리 중 하나는 박물관을 통해 갈 수 있는 파차토네 꼭대기에 올라가 도시의 아름다운 공중전망을 감상하는 것이다.

이탈리아중부

이 성당에서 가장 귀한 작품인 성모와 아기예수(1459년 라운드 도나텔로 작)

르네상스의 천재 미켈란젤로가 29살에 만든 피콜로미니 제단

시에나

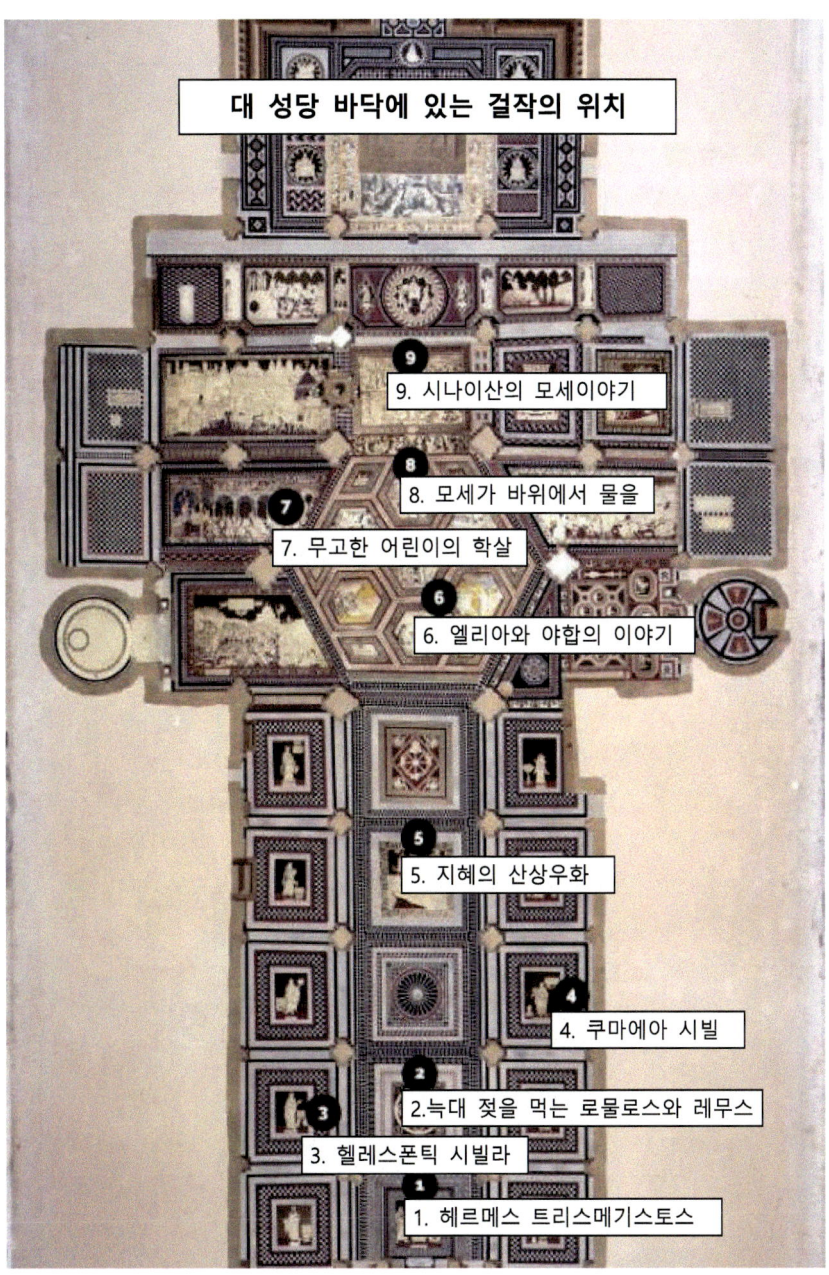

산 도메니코 성당
Basilica Cateriniana di San Domenico

10 성지

성녀 카타리나의 신비로운 삶의 상당 부분이 이 아름다운 바실리카 안에서 이루어졌으며, 이 바실리카는 거룩한 설립자에게 봉헌된 최초의 바실리카 중 하나이다. 1226년 말라볼티 가문이 수도회에 기증한 캄포레지오 언덕 위에 도미니코회의 건축이 시작되었다. 이 성당에는 두초 디 보닌세냐의 거장 귀도 다 시에나가 1221년에 제작한 웅장한 건축물이 있다. 성당과 함께 참사회, 구 성구실, 식당, 그리고 숙사가 건립되었다. 회랑에는 프레스코화를 그렸다. 14세기 초, 그리고 오랜 세월에 걸쳐 가파른 절벽 위에 새 성당의 벽을 세우고 높이는 작업이 진행되었다. 성녀 카타리나가 산 도메니코 성당에 드나들기 시작했을 때, 이미 확장 공사가 한창 진행 중이었다. 성녀의 유해는 지하 납골당에 안치되었고, 후진(apse)을 둘러싼 익랑(transept)에는 여섯 개의 경당이 세워졌다. 1461년 시성 이후, 성당에는 귀중한 카타리나 사본과 수많은 유물이 안치되었다. 가장 중요한 유물인 성녀의 머리는 1383년 복자 라이몬도 다 카푸아가 로마에서 시에나로 가져왔다. 처음에는 구리 흉상으로 안치되었다가, 곧 성당에서 볼 수 있게 된 은 흉상으로 바꿨다. 1711년, 이 유물을 더 잘 보이게 하기 위하여 조반니 피아몬티니가 제작한 램프 모양의 관에 안치했다.

1947년 도미니코회에서 고딕 양식의 사원 모양으로 된 은과 법랑으로 만든 관에 안치하기로 결정할 때까지 그곳에 보관되었다. 거의 2세기에 걸쳐 진행된 모든 작업이 완료되자, 성당은 온전히 성녀에게 헌정되었다. 종탑의 가장 높은 첨탑에는 성녀 카타리나의 동상도 게양되었다.

수세기동안 대성당은 여러 차례 손상을 입었고, 방치되어 제대로 복원되지 못하다가 1940년에 복원 공사가 시작되어 1962년에 마무리되었다. 기초가 튼튼해지고, 안드레아 반니가 그린 성인의 원본 초상화가 보존되어 있는 볼테 경당(Cappella delle Volte)이 복원되었다. 성인은 이곳에서 다양한 신비적 체험을 했다. 오늘날 대성당은 도미니코회 신부들이 바라던 모습으로 복원되어 영성의 중요한 중심지가 되었으며, 순례자들은 도미니코회 신부들의 환영을 받으며 성인의 유물 앞에서 기도할 수 있게 되었다.

산 도메니코성당 내부

이탈리아중부

성녀 카타리나

카타리나는 이탈리아 문학사에서 중요한 위치를 차지한다. 이 겸손하고 "문맹"이었던 민중 여성은 제자들이 받아쓰도록 쓴 약 375통의 편지를 남겼다. 33세의 나이로 세상을 떠나기 전 몇 달 동안, 그녀는 『하느님의 섭리에 대한 대화』라는 책을 집필하여 황홀경 속에서 받아쓰게 했다. 그녀가 주님께 드린 기도문인 『오라토리오』 또한 황홀경 속에서 모았다. 이 글들은 그녀의 가장 짧은 저작이지만, 신학사상의 정점을 보여주는 가장 숭고한 작품으로 평가받는다. 시에나의 카타리나의 삶은 두 시기로 나뉜다. 첫째는 출생부터 스무 살이 될 때까지의 은둔의 시기이다. 이 시기는 준비기라고 할 수 있는데, 처음에는 집안에서, 둘째는 시에나의 비천한 제3신도 사회에서, 그리고 하느님의 부르심을 받아 외부 활동으로 부름 받는 순간까지 이어진다.

중세 여성들 가운데 그녀와 같은 여성은 없다. 그녀의 미천한 출신, 학문과는 거리가 먼 교육, 그리고 계몽된 교사, 유력한 작가, 비할 데 없는 웅변가, 군주와 교황의 조언자, 그리고 당대 교회의 운명을 좌우하는 거의 중재자로서의 지위를 가졌다. 1970년 교황 바오로 6세는 그녀를 교회학자 명단에 포함시켰다.

시에나의 성녀 카타리나의 생애에 대한 간략한 역사

1347년 시에나에서 태어나 이탈리아와 온 세상에 영광을 돌렸다. 그녀는 친척들로부터 조차 온갖 고통을 겪었고, 온갖 불편함을 감수했다. 어린 시절부터 하느님께 봉헌된 그녀는 1363년, 매일 산 도메니코 성당에서 모이는 만텔라토 수도회(도미니코회)의 제3수도회에 입회했다. 1367년, 그녀는 신앙의 신비로운 혼인 예식을 치렀다. 그리스도의 이름으로 세상에 헌신하라는 사명을 받은 그녀는 제자들의 가족이 형성되기 시작했다. 1370년은 위대한 황홀경, 예수님과의 성심 교환, 신비로운 죽음, 그리고 다른 놀라운 은총의 해였다. 1375년 4월 피사를 방문하던 중 성흔을 받은 그녀는 시에나로 돌아와 개종하고 사형 선고를 받은 니콜로 디 툴도를 도왔다(성녀 성당에 있는 소도마의 프레스코화 참조). 1376년 그는 아비뇽으로 가서 교황에게 이탈리아로 돌아오라고 권했다. 이 작고 위대한 여인에게 확신을 얻은 교황 그레고리오 11세는 9월 아비뇽을 떠났다. 1377년부터 그녀가 선종한 1380년 까지 그녀는 교회 내 평화와 일치를 위해 끊임없이 노력했고, 권력자들에게 올바른 길로 나아가도록 촉구하는 서한을 보냈으며, 일종의 영적 유언서인 "하느님 섭리의 대화"를 구술했다. 그녀는 1380년 4월 29일, 끔찍한 도덕적, 육체적 시련 끝에 젊은 나이에 세상을 떠났고, 1461년 교황 비오 2세에 의해 시성되었다. 1939년 비오 12세는 아시시의 성 프란치스코와 함께 그녀를 이탈리아의 수호성인으로 선포했다. 1970년 교황 바오로 6세는 그녀를 교회 박사 명단에 포함시켰다.

"대화" 외에도 성인은 374통의 편지와 수많은 기도문, 그리고 두 명의 동시대 전기 작가를 남겼다. 성인의 친구이자 고해 신부였던 복자 라이몬도 다 카푸아는 "대전설(La legenda maior)"을 남겼고, 성인의 가족 친구이자 "일 카파리니"로 알려진 도미니코회 수사 토마소 다 시에나는 "소전설(La legenda minor)"을 썼다. 모든 책은 현대어로 번역되어 대성당 상점에서 구입할 수 있다. 요한 바오로 2세는 1999년 10월 1일 그녀를 유럽의 수호성인으로 선포했다.

신성한 성녀 카타리나의 머리 La Sacra testa

1383년 10월, 교황 우르바노 6세는 당시 수도회 총장인 카푸아의 복자 레이몬드에게 성녀 카타리나의 유해를 시에나로 가져오도록 허락했다. 도미니코회가 이를 비밀리에 가져갔다는 주장이 있으나 이는 사실이 아니다. 카푸아의 복자 레이몬드는 『전설』 305장에서 성녀 카타리나의 머리 유해에 대해 언급하였다. 복자 레이몬드는 이 성 유물을 암브로조 산세도니와 토마소 델라 폰테 두 수사에게 맡겼다.

1531년 12월 3일에서 4일로 넘어가는 밤, 성녀 카타리나의 머리가 파괴될 위기에 처했다. 산 도메니코 성당에서 큰 화재가 발생했는데, 오르간에서 시작된 화재는 성당 아래에 있던 산타 카테리나 경당으로 빠르게 번진 것으로 보인다. 프라 굴리엘모 다 피렌체의 용기 덕분에 성 유물은 구해낼 수 있었다. 용감한 수사는 젖은 시트로 몸을 감싸고 불길 속으로 뛰어들어 성녀의 머리를 구했다. 1711년부터 머리는 토스카나 대공 코시모 3세의 궁정 관리인이었던 저명한 피에트로 비링구치가 기증한 관에 안치되었다. 이 관은 당시 피렌체의 금세공인 주세페 피아몬티니의 작품이었으며, 그때까지 머리의 유해는 은으로 만든 흉상에 보관되었다. 1609년 5월 3일, 관례적인 행렬이 끝난 후 폰테브란다 주민들은 유물을 탈취하여 동네에 영구히 보존하려 했다. 몇 시간 동안의 격투 끝에 발리아 대학이 개입하여 질서를 회복한 후 성녀의 상을 산 도메니코로 돌려보냈다. 1796년에 머리는 대성당으로 옮겨졌고, 정확히는 피콜로미니 도서관에 있는 산 토마소 제단으로

시에나

옮겨졌다. 강한 지진으로 산 도메니코 대성당이 피해를 입었고, 1806년 일요일에야 다시 돌아왔다. 성녀의 머리는 1857년 교황 비오 9세의 방문을 계기로 행렬을 이루었고, 당시 가스페로 마치 교수가 복원 작업을 진행했다. 1904년에는 라이몬디 교수에게 맡겨 다시 한 번 복원 작업을 진행하였다. 1931년 당시 시에나 시장이었던 파비오 바르갈리 페트루치는 봉인을 뜯고 상자를 열어 마치, 라이몬디 교수 등에게 성녀의 실제 상태를 평가하도록 했다. 이후 그들은 성녀를 산 도메니코 성당에서 대성당으로 옮기는 것을 승인했다. 마치 교수는 조각가 트라파시의 도움을 받아 머리 복원을 위한 여러 차례의 두개골 측량과 사진 촬영을 진행했다. 1940년 4월 28일, 성녀 카타리나의 머리가 캐서린 축제를 위해 대성당으로 옮겨졌다.

산 도메니코 성당에 있는 카타리나의 손가락과 머리 동상

이 기회는 이탈리아 시정촌의 봉헌 현관 건설이 시작되면서 주어졌지만 전쟁 사건으로 인해 공사가 즉시 중단되었다. 성녀 카타리나가 보편 교회 박사로 선포된 지 25년(1995년)에 수세기 동안 시에나에서 행해져 온 알비스 팔일 축제에서 성녀의 유물을 모든 신도에게 경배하도록 바쳤고, 대성당에 전시했다. 성 유물은 비공개로 2000년 희년을 맞아 당시 대주교 가에타노 보니첼리와 본당 사제 알프레도 스카르칠리아 신부의 주도로 콘트라데 델 드라고와 델로카의 몬투라티에 실려 대성당으로 옮겨졌다.

이탈리아중부

로마 산타마리아 소프라 미네르바 성당에서 가져온 성녀 카타리나의 실제 머리

"일치안의 평화에 대한 원의 안에서 1380년 4월29일 사랑과 진리의 여사도가 사망했다. 로마시가 이탈리아와 로마의 주보 성녀에게" "이 장소에서 1380년 4월29일 시에나의 카타리나가 사망했다. 로마에서 오상 600주년을 기념하며 바침.1375년-1975년" 시에나의 성녀 카타리나는 로마의 1산타 마리아 소프라 미네르바 성당에 안치되었다. 살아 계실 때도 이미 성녀로 추앙받던 카타리나의 유해를 시에나 사람들이 와서 머리와 오른손 검지손가락을 가져갔다고 한다. 그래서 카타리나의 유해는 산타 마리아 소프라 미네르바 성당에도 모셔져 있고, 시에나에서도 성 도메니코 성당에 모셔져 있다.

다시 한 번 카타리나 성녀의 생애에 대해 짧게 알아보자. 그녀는 1347년에 태어났다. 아버지 야고보 베난카사는 부유한 염색업자였고, 어머니 라파 피아젠타는 신심이 깊은 여인이었다. 이분들의 25명의 자녀들 중 24번째라고 알려져 있는데 카타리나 성녀는 쌍둥이로 태어났지만 함께 태어난 요안나는 태어난지 얼마 못되어 바로 세상을 떠났다. 집 가까이에 있던 성 도메니코성당에 열심히 다니며 하느님께 자신을 봉헌하기로 결심하였다. 15살에는 스스로 머리카락을 자르며 동정을 서원했고, 18살에는 도메니코회 제3회에 입회하였다. 21살 때는 예수님과 신비적인 혼인을 하면서 혼인반지를 받게 되고 자신을 완전히 봉헌하였다. 많은 선행과 기적, 신비체험으로 유명했던

시에나

카타리나는 당시 에비뇽에 계셨던 교황 그레고리오 11세를 만나 로마로 돌아오게 하는 데 성공 하였다. 극기와 과로 등으로 병이 심해져 서른 셋 이라는 짧은 나이로 로마에서 생을 마감하였다.

카타리나의 생가와 단발하는 모습그림

캄포 광장
Piazza del Campo

11 관광지

시에나 시의 상징적인 장소, 아름답고 아름다운 캄포 광장

조개 모양의 독특한 외관으로 시에나의 보편적인 상징이며, 이 도시의 역사적 중심지가 1995년에 유네스코 세계문화유산으로 지정된 이유 중 하나이기도 하다. 1297년 시의회는 구체적인 규정을 마련했다. 예를 들어, 건물은 멀리언형 창문이나 삼중 멀리언형 창문으로만 광장 쪽으로 열려야 하며, 이러한 규정을 준수하지 않는 건물은 철거해야 한다는 내용이 포함되어 있었다.

둘레 333미터에 달하는 이 광장은 붉은 벽돌로 이루어진 피쉬테일 무늬로 포장되어 있으며, 10줄의 흰색 트라버틴으로 나뉘어져 마치 9개의 부분으로 나뉜 조개껍데기 모양을 하고 있다. 마치 팔라초 푸블리코를 가리키는 듯하다. 숫자 9조차도 무작위적인 것이 아니라, 1287년부터 1355년까지 이탈리아에서 가장 평화롭고 안정적인 정부 중 하나로 여겨졌던 "9인 정부" 시대에 권력을 행사했던 9명의 주지사를 상징한다. 1419년, 야코포 델라 퀘르차가 조각한 가이아 분수는 현재 산타 마리아 델라 스칼라 성당에 보존되어 있으며, 캄포광장에는 티토 사로키가 19세기에 제작한 복제품이 있다. 하지만 가장 낮은 지점에서는 물이 솟아나는 모습을 표현한 "가비노네"를 볼 수 있는데, 오늘날에는 시에나 출신 예술가 마시모의 조각품으로 장식되어 있다.
피아자 델 캄포는 시장, 게임, 정치 행사 등 다양한 활동을 위한 시민들의 만남의 장소로 조성되었기 때문에 규모가 크다.

오늘날에도 이 멋진 광장은 시에나에서 가장 중요한 행사인 팔리오, 카니발과 관련된 다양한 행사, 크리스마스 기간에 열리는 유명한 메르카토 넬 캄포, 그리고 여름철에 시청에서 주최하는 다양한 행사와 콘서트를 주최한다.

102m, 503개의 계단을 올라 만지아 탑에서 내려다 본 캄포광장은 조개모양이다.

이탈리아중부

푸블리코 궁전
Palazzo Pubblico

12 관광지

캄포광장에서 본 만시아 탑과 푸블리코 궁전

시에나

시에나의 생활의 중심지 캄포광장. 주변에는 식당가와 기념품 가게가 즐비하다.

토스카나의 조각가 안드레아 로기 작품인 생명의 나무와 시에나 대성당에 있는 카피톨리나 늑대상. 시에나 전승에 따르면 레무스의 두 아들인 세니우스와 아스키우스가 세웠다고 전해진다. 그들이 로마에서 도망쳐 나올 때, 시에나에 암늑대 상을 가져왔고, 그 후로 시에나의 상징이 되었다. 아래는 중세 모습의 시에나 거리

토스카나 요리

스파게티 알레 봉골레와 전통 파스타 "피치"

전통을 아우르며, 올리브 오일, 콩류, 육류와 같은 신선하고 고품질의 재료를 중시하는 단순함으로 유명하다. '쿠치 나 포베라(가난한 사람들의 요리)'에 뿌리를 둔 토스카나 요리는 복잡한 소스와 향신료보다는 제철 재료와 간결한 맛을 강조한다. 빵은 토스카나 요리에서 매우 중요한 역할을 한다. 토스카나 요리의 특징 중 하나는 흰색의 무염 빵이며, 이 빵은 모든 음식과 함께 제공된다. 소금에 대한 세금이 매우 높았던 16세기에 유래되었다고 한다.

전형적인 토스카나 음식의 좋은 예로는 '다시 끓인'이라는 뜻의 유명한 수프인 리볼리타가 있다. 이것은 원래 전날 남은 미네스트로네 또는 채소 수프를 다시 데워서 만들었다. 다양한 종류가 있지만, 주요 재료는 항상 남은 빵, 카넬리니 콩, 그리고 당근, 양배추, 콩, 실버비트, 카볼로 네로 (토스카나 케일), 양파, 올리브 오일과 같은 값싼 채소이다. 피치(pici) 라고 불리는 토스카나 지역 파스타는 두껍고 거친 표면의 스파게티와 비슷하며, 종종 손으로 말아 만든다.

토스카나 시골에서는 "아무것도 버리지 않는다"는 철학에 따라 "리우소(riuso)" 전통이 발전했다. 이러한 접근 방식은 재료를 효율적으로 사용하는 방식으로 이어졌고, 리볼리타(ribollita)와 판자넬라(panzanella)와 같은 대표적인 요리가 탄생했다. 이 요리들은 남은 간단한 재료를 풍성한 식사로 바꿔준다.

이탈리아중부

2. 아시시

 아시시는 이탈리아 움브리아 주 페루자도에 위치한 코무네다. 몬테 수바시오의 서쪽 저지대에 위치해있다. 1208년에 프란치스코 수도회를 조직한 아시시의 프란치스코와 그가 죽은 뒤 빈자 클라라 수녀회가 된 빈자 자매회를 조직한 아시시의 클라라(Chiara)의 출생지이다. 13세기에 건립된 성 프란치스코 성당에는 귀중한 유적이 많으며, 그 외에도 유명한 성당이 많다. 순례객과 관광객의 발길이 끊이지 않는 도시이다. 1986년 이래로 세계 종교 지도자 서미트가 비(非)정기적으로 열리는 도시이기도 하다. 오늘날에 순례지가 많은 아시시는 이곳 출생자인 성 프란체스코와 관련된 전설이 있다. 프란체스코는 프란체스코회를 설립하였고 시에나의 카타리나와 함께 이탈리아의 수호성인으로서 칭송받는다. 그는 "순수한 사랑"으로 많은 신자들, 심지어는 비기독교 신자들 사이에서도 기억되고 있다. 아시시는 1997년 9월 움브리아 지역에 발생한 엄청난 규모의 지진을 두 차례 겪었다. 눈에 띌 만큼 회복하였지만, 여전히 그때의 잔해들이 남아있다. 많은 역사적 지역에 강력한 피해가 야기되었지만, 산 프란체스코 바실리카 같은 주요한 관광지는 2년 후에 다시 관람객 방문을 재개하였다.

아시시의 성 프란치스코

교황 대성당과 성지 수도원

산 프란체스코 대성당(이탈리아어: Basilica di San Francesco)은 프란치스코회로 불리는 작은 형제회의 모교회로, 아시시의 프란치스코의 출생지인 이탈리아 중부 아시시에 있는 로마 가톨릭 바실리카이다. 성 프란치스코가 묻힌 이 성당은 이탈리아의 중요한 로마 가톨릭 순례지이다. 1228년에 공사를 시작한 이 성당은 건물의 한쪽에 지어졌으며, 상부 성당과 하부 성당으로 구성되어 있으며, 지하성당에는 프란체스코 성인의 유해가 안치되어 있다. 이 성당은 프란치스코회 수도원과 함께 아시시를 방문하는 사람들에게 눈에 띄는 역사적 건축물로 자리하고 있으며, 2000년 유네스코 세계 문화유산으로 지정되었다. 상부 성당의 내부는 초기 이탈리아 고딕의 중요한 예를 보여주고 있다. 상부 성당과 하부 성당은 후기 중세의 많은 로마파와 토스카나파 화가들의 프레스코화로 장식되어있는데, 여기에 참여한 화가들은 치마부에, 조토, 시모네 마르티니, 피에트로 로렌체티, 피에트로 카발리니 등이 있다. 작품들의 규모와 우수성은 당대의 이탈리아 미술의 발달을 보여주어 성당에 특수성을 더해준다. 1997년에는 지진으로 인해 성당이 무너져서 수사 두 명 등 네 명이 죽기도 했다.

이탈리아중부

산 프란체스코성당/ Basilica Papale e Sacro Convento di San Francesco in Assisi

13 성지

성 프란치스코를 아시나요?

아시시의 성 프란치스코의 유해는 그의 첫 동료들과 함께 800년 동안 이 대성당에 안치되어 있다. 이 성지는 다른 성당들과 마찬가지로 아시시를 진정한 성소 도시로 만들어 준다.

성인의 이야기

1181년 프란치스코는 아시시에서 피에트로 디 베르나르도네와 마돈나 '피카' 사이에서 태어났다. 그가 태어날 당시 그의 아버지는 프랑스까지 지점을 둘 정도의 큰 상인이었다. 세례 때 아이의 이름은 조반니(요한)였지만, 출장에서 돌아온 아버지는 아이의 이름을 프란치스코로 바꿨다. 1202년 프란치스코가 아시시를 위해 페르시아와 싸우다가 콜레스트라다 전투에서 포로가 되어 그는 약 1년 동안 페르시아의 감옥에 갇히게 된다.

감옥에서 풀려난 그는 병으로 고통 받던 중 아시시로 돌아와 오랜 요양 후 풀리아로 가서 싸우기로 결심하고 스폴레토에 도착하자 신비로운 환상을 본 그는 계획을 뒤집어 아시시로 다시 돌아온다.

1205년 24년째 되는 해에 그의 회심이 시작되어, 친구들과 평온한 젊음을 버리고 집중적인 기도의 삶을 살았다. 나병 환자를 만나 입맞춤을 하면서 자비를 베풀기 시작했다. 두 번째의 큰 체험은 어느 날 반쯤 허물어진 성 다미아노 소 성당에서 무엇을 해야 할지 인도해 주시도록 기도하고 있을 때 십자가에 못 박힌 예수께서 "프란치스코야, 가서 허물어져 가는 나의 집을 고쳐 세워라"라는 말을 듣고, 그는 산 다미아노, 산 피에트로 델라 스피나, 포르치운콜라의 세 개의 작은 교회를 복원했다. 1208년 봄에 그는 포르치운콜라에서 사도들의 신심 미사의 복음을 듣고 이를 통해 복음적이고 사도적인 소명이 발전했다. 아버지의 유산을 포기했고 옛 동료들로부터 초대받은 자리에서 "나는 가난과 결혼하려고 해" 하면서 결연한 의지를 보였다. 그리고 그의 첫 동료들이 주위에 모였고, 이렇게 해서 최초의 프란치스코회가 태동했다. 그는 규칙을 작성하고 동료들과 함께 로마로 가서 구두로 승인을 받았다. 1212년 18세의 클라라는 포르치운콜라로 도망쳤고, 프란치스코는 그녀의 머리카락을 자르고 수도복을 입혀 그녀를 하느님께 봉헌했다. 얼마 지나지 않아 그녀의 여동생 아그네스가 그녀를 따라갔다. 이것이 제2 프란치스코회의 시작이었다. 프란치스코가 소위 '논 볼라타' 규칙을 작성하여 오순절 회의에서 발표하고, 1223년 프란치스코는 폰테콜롬보에서 최종 '인장이 찍힌' 규칙을 초안했고, 호노리우스 3세는 11월 29일에 교황 칙서 Solet annuere로 이를 승인했다. 규칙의 원본은 산 프란체스코 대성당에 보관되어 있다. 1224년 9월 라베르나 산(아로나)에서 성인은 성혼을 받는다. 1226년 10월 44세의 나이로 이 가난한 사람은 포르치운콜라에서 선종했다. 다음 날 그는 아시시로 옮겨져 산 조르지오 교회에 임시로 매장되었다. 1228년 7월 교황 그레고리 9세가 성인의 엄숙한 시성식을 위해 아시시에 있었고, 그를 기리기 위해 새 대성당의 초석을 놓았다.

1230년 5월 성 프란치스코의 유해가 산 조르조 성당에서 아시시의 새로운 성 프란치스코 대성당으로 옮겨졌다. 그레고리 9세는 교황칙서 Is qui ecclesiam suam을 통해 이미 이곳을 "미성년자 수도회의 수장이자 어머니"로 로마 교황에게 종속되었다고 선언한 바 있다.

이탈리아중부

성스러운 수도원의 역사

　성 프란치스코의 시성식 다음 날인 1228년 7월 17일, 그레고리 9세의 주재로 성 프란치스코가 시성된 다음 날, 엘리아스 형제는 성인의 무덤을 전례와 사목으로 돌보는 수사들을 위해 지어진 대성당과 수도원 공사를 시작했다. 15세기 자료에 따르면, 1253년 인노첸시오 4

세가 이 건물을 상부 대성당과 함께 축성했기 때문에 "성스러운 수도원"이라고 불렸다고 한다. 실제로 "신성한"이라는 형용사는 중세 시대에 이 장소의 신성함을 나타내기 위해 널리 사용되었다. 아시시의 수도원만이 오늘날까지 그 이름이 변함없이 남아 있다는 사실에 많은 사람들이 놀랐다.

이곳은 아시시 사람들에게 "지옥의 언덕"으로 알려졌는데, 사형수를 교수형에 처하는 교수대가 세워졌기 때문이다.

세 개의 방으로 구성된 원래 건물은 1230년 5월 성인의 유해가 새로 완공된 성당으로 옮겨지면서 완공되었을 것으로 추정된다. 수도원은 대성당 북쪽 구역 뒤편에 자리 잡았고, 아래쪽 구역은 서쪽으로 확장되어 현재 "시스토 4세"로 알려진 회랑까지 이어졌다. 인노첸시오 4세의 명령으로 지어진 교황궁은 수도원 위에 지어졌으며, 그 방들은 교황과 교황청이 장기간 거주할 수 있도록 설계되었다. 1282년에는 남쪽에 목조 지붕이 있는 "대형" 식당으로 알려진 식당이 건설되었다. 1360년부터는 미완성된 산 헤론치오 회랑 주변에 건축 자금을 지원한 추기경의 이름을 딴 알보르노즈 궁전이 건설되면서 서쪽으로 확장되었다. 후에 "고대" 병원으로 알려진 수도원의 병동은 이 건물 안에 위치했다.

15세기부터 성녀 수도원의 현재 모습을 복원하는 작업이 계속되었다. 1441년에는 남쪽에 새로운 식당과 수도사 기숙사가 지어졌고, 수도원의 최종적인 모습은 전체 건물의 통합을 감독한 식스토 4세(1471-1484)에 의해 완성되었다. 1472년, 교황은 산타 마리아 델리 안젤리 성당을 마주 보는 하류 쪽에 전체 구조물을 지탱하기 위해 두 개의 견고한 모퉁이 보루를 세웠고, 그곳에는 교황의 반신상이 걸려 있었다. 1474년에는 안토니오 다 코모와 암브로조 롬바르도가 설계한 "식스토 4세"로 알려진 수도원의 상부 로지아를 건설하여 대성당의 후진 구역을 개조했다. 오늘날까지 남아 있는 수도원의 공식 입구는 아마도 이 시기에 선택되었을 것으로 추정하고 있다. 이 건축물에 현재의 형태를 부여한 마지막 대대적인 개축은 17세기 초에 이루어졌는데, 당시 스페인 국왕 펠리페 3세가 15세기에 지어진 기숙사에 2층을 증축하면서 이루어졌다. 공사가 완료되자, "신(新)"이라는 명칭이 유래된 수련원은 2층으로 이전되었다.

1745년에서 1748년 사이에 건축가 조반니 폰타나의 설계에 따라 "대형" 식당이 복원되었고, 나무 트러스는 반원형 천장이 있는 통형 천장으로 교체되었다. 서쪽 벽에는 1717년 제작된 프란체스코 솔리메

나의 최후의 만찬 캔버스 그림이 걸려 있다. 두 개의 세로 벽에 치장벽토 틀에 걸려 있는 22개의 타원형 메달리온은 이 시기에 제작된 것으로 추정되며, 이 메달리온에는 호노리우스 3세부터 클레멘스 14세까지 교황 서품과 대성당 건립에 합당한 교황들의 초상화가 그려져 있다. 반면 아시시의 화가 도노 도니는 1573년 겨울, 식당에 최후의 만찬을 그렸는데, 이 넓은 식당에는 예루살렘과 아시시를 배경으로 성스러운 수녀원을 그린 커다란 십자가상이 그려져 있었다. 이 작품은 1760년에 피에트로 카라톨리의 규칙서 확인으로 대체되었는데, 이 작품은 오늘날에도 수녀원 식당에서 볼 수 있다.

공동체의 삶은 나폴레옹의 탄압과 1798년 이후 성당의 성물과 은식기 약탈이라는 비극적인 사건으로 점철되었다. 그러나 공동체의 삶에 가장 큰 영향을 미친 사건은 이탈리아 통일 이후 수도회가 탄압받은 사건이었다. 아시시 시는 남동쪽 수도원의 작은 구역에 13명의 수도자를 남겨 교회를 섬기게 했고, 1875년부터 나머지 구역은 초등학교와 공립학교 교사들의 고아들을 위한 국립 기숙학교로 바뀌었다. 1926년, 성 프란치스코 탄생 700주년 기념행사가 끝나고 총장 알폰소 올리니의 노력으로 수도원은 콘벤투알 수사단으로 돌아갔고, 콘벤투알 수사단은 아시시 시 북부에 나폴리 왕자 기숙학교를 건설했다.

아시시 성녀 수도원의 수녀원장 프라 보나벤투라 만시(1937-1945)의 시대는 두 가지 중요한 역사적 사건으로 점철되었다. 첫 번째는 1939년 성 프란치스코를 이탈리아의 수호성인으로 선포한 것이었고, 두 번째는 제2차 세계 대전 중 수도회 총장 베다 헤스 수사와 지역 주교 주세페 플라시도 니콜리니 몬시뇰의 지원으로 아시시를 폭격으로부터 보호한 것이었다. 만시는 이탈리아, 독일, 그리고 연합군 정부 및 군 당국과 협력하여 아시시를 "병원 도시"로 선포하고 전쟁에서 면제받는 데 성공했다. 전쟁이 끝나자 수도사들은 수도 생활을 재개하고 최근 몇 년간의 문화적, 사회적, 종교적 변화 속에서 아시시로 몰려드는 순례자와 관광객들에게 증거하는 봉사를 계속할 수 있었다. 작은 형제회(Order of Friars Minor Conventual)는 성 프란치스코의 몸이 안치된 성소로서의 성스러운 수도원의 영적 역할을 인정한다.

이탈리아중부

수도원은 1972년 총회에서 설립된 성 프란치스코 수도원의 총관리를 통해 수도원을 관리한다.

세례자 요한 경당

세례자 요한 경당은 대성당 하부 교회의 남쪽 익랑에, 하부 성구실로 이어지는 동쪽 문 옆에 세례자 요한에게 헌정된 경당이다.

14세기 초에 건축된 이 경당은 추기경 나폴레오네 오르시니가 자신의 장례를 위해 의뢰한 것이며, 북쪽 익랑에 있는 성 니콜라스 경당도 1292-1294년 콘클라베에서 사망한 그의 동생 잔 가에타노 오르시니 추기경을 위해 의뢰한 것이었다. 그러나 나폴레오네 오르시니는 1342년 아비뇽에서 사망하여 그곳에 묻혔다. 오르시니 가문의 문장은 벽 장식과 스테인드글라스 창문에 있다.

성모의 수의는 세례자 요한 경당에 보관되어 있으며, 연철 캐비닛에는 "성모의 수의 이야기"(1926)로 장식되어 있다. 이 캐비닛에는 복음서의 여러 부분(수태고지, 탄생, 동방박사의 경배, 성전에서의 봉헌)과 전통적으로 수의 유물과 관련된 사건들이 재현되어 있다. 수의는 8월 15일과 12월 8일, 일 년에 두 번 일반에게 전시된다.

경당 제대에는 피에트로 로렌체티(1315년경)의 작품 "세례자 요한과 성 프란치스코 사이의 성모와 아기 예수"의 아름다운 삼부작이 전시되어 있다.

본당의 그려진 십자가

대제단의 채색된 십자가는 대성당의 아랫부분, 조토 양식의 봉헌물 보관소 그늘 아래, 대 제단 위에 채색된 십자가가 걸려 있다. 이 그림은 익명의 움브리아 출신 화가의 작품으로, 거의 확실히 1210년에서 1240년 사이에 그린 것으로, 아시시의 프란치스코와 동시대 인물이다.

이 그림은 마지막 희년에야 후진(apse)에 놓였다. 아시시 북동쪽에 있는 작은 성 포르치아노(Porziano)에서 19세기 후반/20세기 초에 대성당 보물 박물관(Treasury Museum)으로 옮겨온 것이다. 1940년부터 몇 년 동안 성당의 성구실에 보관되어 있다가 복원되어 후진에 놓였다.

이탈리아중부

아시시 대성당의 성모 마리아의 수의 유물

펠리체 오티에리 신부 OFMConv - 1320년, 성 프란치스코 대성당은 마노펠로 백작 토마소 오르시니가 기증한 새로운 유물, 성모 수의로 더욱 풍요로워졌다.

아시시 역사가 안토니오 크리스토파니는 다마스쿠스 총독 사이프 알딘 탄키즈 알나시리가 예루살렘의 신원 미상의 교회에서 이 유물을 가져왔다고 전해지고있다. 이탈리아로 돌아와 병을 앓은 오르시니는 성 프란치스코에게 병이 낫게 되면 성 수도원의 수사들에게 바치겠다고 맹세했다. 이러한 이유로 크리스토파니는 1320년 3월 11일 "성인의 제대 앞에 이 숭고한 유물을 바쳤다"고 전해진다. 아시시 사람들은 그것을 기적으로 여겼고, 도시에 불행이나 위험이 닥칠 때마다 이 귀중한 베일에 의지했다. 실제로 1362년 움브리아를 휩쓴 전염병 동안 성모 마리아 수도원의 수사들은 전염병이 도시 전체로 퍼지는 것을 막기 위해 기도하는 사람들과 함께 행렬을 이루며 이 유물을 운반했다. 전통적으로 행렬이 끝날 무렵, 성모 마리아 수도원의 수호자가 상부 대성당의 외부 돔에서 유물을 가져와 참석자들에게 축복했다.

수년간 성모 마리아 수도원에 살았던 쿠페르티노의 성 요셉은 베일에 매우 헌신적이어서 베일을 보는 것만으로도 황홀경에 빠졌다.

아시시 역사가 안토니오 크리스토파니는 다마스쿠스 총독 사이프 알딘 탄키즈 알나시리가 예루살렘의 신원 미상의 교회에서 이 유물을

가져왔다고 전해지고 있다. 이탈리아로 돌아와 병을 앓은 오르시니는 성 프란치스코에게 병이 낫게 되면 성 수도원의 수사들에게 바치겠다고 맹세했다. 이러한 이유로 크리스토파니는 1320년 3월 11일 "성인의 제대 앞에 이 숭고한 유물을 바쳤다"고 전해진다. 아시시 사람들은 그것을 기적으로 여겼고, 도시에 불행이나 위험이 닥칠 때마다 이 귀중한 베일에 의지했다. 실제로 1362년 움브리아를 휩쓴 전염병 동안 성모 마리아 수도원의 수사들은 전염병이 도시 전체로 퍼지는 것을 막기 위해 기도하는 사람들과 함께 행렬을 이루며 이 유물을 운반했다. 전통적으로 행렬이 끝날 무렵, 성모 마리아 수도원의 수호자가 상부 대성당의 외부 돔에서 유물을 가져와 참석자들에게 축복했다. 따르면 1646년 7월 2일에 있었던 일화가 있다. 장엄한 행렬이 끝날 무렵, 사제장 루도비코 형제는 성 요셉이 베일을 공경하고 싶어 한다는 것을 알고 그를 불렀다. 성인이 애정과 헌신으로 베일에 입을 맞추자, 그는 성구실로 반쯤 밀려났다가 즉시 들어 올려졌다. 증인 오타비오 아로마타리는 이듬해 성인이 다시 개인적으로 베일을 경배하도록 초대받았다고 해진다. 기도 후, 그는 베일에 입을 맞추려고 다가갔지만 성모송을 하려고 입을 열었을 뿐, 여덟 걸음 뒤로 밀려나 즉시 공중에 떠올랐다.

원래의 유물함은 1430년 목록에 기록되어 있으며, 나중에 추기경 알레산드로 페레티의 명령에 따라 현재의 유물함으로 교체되었다. 그의 친척 카밀라는 1604년에 산 조반니 바티스타 경당을 하사받아 제대로 보존할 수 있었다. 베일은 직물 전문가들에 의해 연구되었는데, 그들은 그 직조가 고대의 것이며 특정 이매패류가 바위에 달라붙을 때 분비하는 필라멘트에서 얻은 일종의 천연 해양 실크인 비서스로 만들어졌다고 주장한다. 이런 종류의 베일은 원래 지중해 지역에서 생산되었는데, 생산 비용이 많이 들었기 때문에 귀족 여성이 사용했으며, 당시 사회에서 영향력 있는 인물의 아내들이 과시하는 경우가 많았다. 대중의 신앙심과 역사적 전통은 수 세기 동안 이어져 온 "성모의 수의"에 대한 신심으로, 아시시 대성당의 하부 성당에 신자들이 1년에 두 번, 8월 15일과 12월 8일에 경배하도록 전시되어 왔다.

이탈리아중부

대성당 하부 성당의 성녀 클라라의 얼굴

Basilica의 하부 교회에 있는 성녀 클라라의 얼굴 - 성 프란치스코 교황 대성당의 그림 사이클과 스테인드글라스 창문 중에는 상부와 하부 모두에 성녀 클라라의 초상화가 여러 개 있는데, 이는 프란치스코의 신성함이 처음부터 클라라의 신성과 긴밀하게 연결되어 있음을 증명한다. 특히 하부 교회에는 성녀 클라라의 얼굴이 나타난다. 예를 들어 알렉산드리아의 성 카타리나 경당의 스테인드글라스 창문에서, 클라라의 모습이 프란치스코의 모습과 나란히 배치된 입구 익랑에 있다. 남쪽 익랑의 패널에는 피에트로 로렌체티의 작품이 있는데, 클라라의 초상화가 알렉산드리아의 성 카타리나와 성 테클라 사이에 배치되어 있다.

성 프란치스코 대성당에서 클라라의 가장 잘 알려진 초상화는 의심할 여지없이 시모네 마르티니의 초상화로, 그녀는 성 마르티노 경당의 프레스코화에서 헝가리의 성 엘리자베스를 정중하게 마주 보고 있는 그녀를 묘사한다.

성 프란치스코와 성녀 클라라의 초상화로 만든 대성당의 스테인드 글라스

성 프란치스코의 무덤

매년 전 세계 수백만 명의 순례자가 찾는 성 프란치스코의 무덤은 대성당 하부 교회의 높은 제대 아래 기둥에 둘러싸인 단순한 돌 석관이다. 성인의 유해는 1230년 그의 명예를 기리기 위해 지어진 대성당으로 이장되었다.

무덤을 방문할 수 있는 지하 납골당은 1820년에 맨돌을 깎아 만들었다. 모서리 벽감에는 성인의 네 제자 레오네, 마세오, 루피노, 안젤로의 무덤이 있다.

두 개의 계단 사이에는 프란치스코가 야코파 형제라고 불렀던 로마의 은인 야코파 데 세테솔리의 유해가 있다. 성인의 무덤 앞에는 매년

10월 4일 축일을 위해 다른 이탈리아 지역에서 기부한 기름으로 연료를 공급하는 성찬등이 켜져 있다. 2020년에는 마르케 지역에서 기름을 기부했다. 칸토에서 가져온 단테의 천국의 한 구절이 램프에 새겨져 있다: "Non è che di suo lume un raggio".

이탈리아중부

하부 교회

1228년에 건축이 시작된 대성당의 하부 교회는 성인의 시신이 이곳으로 엄숙하게 옮겨진 1230년에 이미 완공되었다. 이 디자인은 전통적으로 엘리아 형제, 라포 또는 야코포 테데스코, 조반니 델라 펜나 형제, 또는 필리포 다 캄펠로 형제의 작품으로 여겨진다. 중앙 본당은 로마네스크 양식을 연상시키며, 아치의 강력한 리브가 형성하는 갤러리처럼 보인다. 높은 제대 위에는 조토와 그의 작업장(1315년경)의 작품인 십자가 볼트가 얹혀 있는데, 이는 대성당 전체에서 가장 유명한 예술적 보물 중 하나이다. 네 개의 볼트에는 가난, 순결, 순종이라는 세 가지 종교적 서약과 부제 복을 입은 영광스러운 성 프란치스코의 모습이 묘사되어 있다.

막달레나 경당의 프레스코화를 그린 조토 외에도, 아래쪽 교회에는 치마부에, 로렌체티, 세르메이, 그리고 "성 프란치스코의 거장"으로 알려진 익명의 움브리아 예술가의 프레스코화가 장식되어 있다.

상부 교회

　아시시에 있는 성 프란치스코 교황 대성당의 상부 성당은 1253년 인노첸시오 4세에 의해 완공되었다. 건축 양식은 프랑스 고딕 양식을 연상시키지만, 이탈리아 특유의 단순하고 밝은 선과 색상을 사용하였다. 내부는 네 개의 베이가 있는 단일 본당, 넓은 익랑, 그리고 다각형 애프스로 구성되어 있다. 창문에는 스테인드글라스가, 부벽은 작은 기둥들이 줄지어 배열되어 있다. 이러한 건축적 앙상블은 균형과 평온함을 자아낸다.

　사제관은 치마부에와 올트레몬타노의 거장으로 알려진 화가의 프레스코화로 장식되어 있다. 본당의 상층에는 야코포 토리티를 비롯한 다양한 예술가들의 작품인 구원의 역사를 묘사한 프레스코화가 있다. 하층에는 프란치스코와 그의 수도회의 역사를 묘사한 연작화가 있다.

아시시의 성녀 키아라(클라라) 대성당
Basilica di Santa Chiara

14 성지

이 대성당은 1226년 성 프란치스코와 1253년 성 클라라가 처음 묻힌 곳인 고대 산 조르지오 교회 옆에 지어졌으며, 1265년에 봉헌되었다. 성인의 유해 외에도 이곳에는 성 프란치스코에게 말씀하신 산 다미아노의 십자가가 보관되어 있다.

성 프란치스코의 첫 번째이자 가장 충실한 제자를 기리기 위해 신앙과 대중의 신앙심이 깃든 교회이다. 이 성당은 1226년 성 프란치스코와 1253년 성녀 클라라의 첫 번째 매장지였던 고대 산 조르조 교회 옆에 건립되었다.

대성당과 인접한 수도원의 건축은 클라라가 시성된 지 2년 후인 1257년에 시작되었다. 1260년 10월 3일, 성인의 유해는 대 제단 아래에 안치되었고, 1265년에는 대성당의 장엄한 봉헌식이 거행되었다.
독특한 외관은 전체 바실리카 단지와 마찬가지로 외부를 수바시오에서 가져온 흰색과 분홍색 돌이 번갈아 배열되어 장식되어 있다. 건물 왼쪽에는 14세기 후반에 건축된 세 개의 거대한 비스듬한 기둥이 보인다. 한때 전체가 프레스코화로 장식되었을 것으로 추정되는 바실리

아시시

카의 내부는 고딕 라틴 십자형 구조로 선형적이고 명확하며, 단일 본당은 다각형 애프스가 있는 익랑으로 끝난다.

본당 오른쪽에서 성 조지 경당으로 들어가면, 이곳에는 산 다미아노 성당에서 어린 프란치스코에게 말을 건넨 귀중한 십자가상이 보관되어 있다. 이 십자가상은 곡선 형태의 12세기 비잔틴 양식 성화이다.

1205년, 이 십자가 앞에서 기도하던 성 프란치스코는 주님의 교회를 위해 일하라는 부르심을 받았다. "가서, 프란치스코야, 네가 보는 바와 같이 허물어진 내 집을 고쳐라." 그는 처음에 그리스도의 음성을 작은 산 다미아노 성당을 물질적으로 복원해 달라는 요청으로 해석했지만, 나중에야 주님께서 자신을 살아있는 돌로 지어진 교회를 위해 일하라고 부르신다는 것을 깨달았다.

높은 제단은 14세기 움브리아의 석공이 만든 12개의 다각형 기둥으로 이루어진 페르골라로 둘러싸여 있으며, 중세 시대의 단철문이 있다. 높은 제대 위에는 베네데타 수녀원의 웅장한 십자가 (1260년)가 서 있는데, 이는 소위 "산타 키아라의 거장"으로 여겨지며, 성녀 클라라와 성모 마리아의 패널을 만든 것으로 여겨진다. 그리스도의 발치에는 프란치스코와 클라라가 경배를 드리는 모습이 있다.

93

이탈리아중부

왼쪽 익랑에는 성 클라라의 제단화가 있다 (클라라가 십자가를 가리키고 있다. 십자가 주변에는 그리스도와 그의 생애를 담은 여덟 장면이 그려져 있으며, 1283년 작품). 뒷벽에는 14세기 움브리아-시에나 학파에서 제작한 섬세하게 그려진 탄생 장면이 있다. 반원형 장식에는 13세기 후반 구약성서의 장면들이 묘사되어 있다.
익랑 오른쪽에는 성모 마리아와 아기 예수(마돈나 델라 코르티나, 13세기 후반) 제단화가 있다 .

프레스코화에는 성녀 클라라(성인의 죽음과 장례식)에 대한 묘사와 성녀 클라라의 표현주의 거장이 그린 성경 장면(14세기 전반)도 있다. 제대 위 십자가 천장의 네 개의 반원형 천장에도 두 명의 성모 마리아 성인이 그려져 있으며, 각 성인은 대리석 이디쿨 안에 서 있고, 그 아래에는 이름이 적혀 있다. 후진을 마주 보는 천장에는 성모 마리아와 성녀 클라라가, 남쪽 천장에는 성녀 체칠리아와 성녀 루치가, 본당을 마주 보는 천장에는 순교자 성녀 아녜스와 아시시의 성녀 아녜스가, 북쪽 천장에는 알렉산드리아의 성녀 카타리나와 성녀 마르가리타가 그려져 있다.
익랑 근처 왼쪽에는 성녀 아녜스 경당이 있는데 , 현재는 성체 경당이다. 커다란 뾰족한 아치를 통해 들어갈 수 있으며, 꼭대기에는 석조 난간이 있고 연철 문이 있다. 이곳에는 성녀 클라라의 자매인 성녀

아시시

아녜스와 베아트리체, 성녀 클라라의 어머니 오르톨라나, 성녀의 사촌 아마타, 그리고 성녀 클라라의 뒤를 이은 최초의 원장 베네데타 원장이 묻혀 있다.

대성당 두 번째 베이 높이에 위치한 계단은 지하실로 이어진다. 1852년에서 1872년 사이에 건축되어 1935년 신고딕 양식으로 개축된 이 지하 납골당에는 수바시오에서 가져온 흰색과 분홍색 돌로 만든 소박한 관에 담긴 성녀 클라라의 유해가 안치되어 있다. 이 유해가 전시된 공간은 최근에 새로 지어졌다. 1850년 대 제대 아래에서 발견된 성녀 클라라의 유해는 이곳의 심장부이다. 평생 기도의 대상이 된 클라라는 오늘날에도 하느님 아버지께 그분의 자녀들을 위해 중재하고 있다. 그녀의 공로를 통해 성령의 새로운 숨결이 모든 사람의 상처받고 굴욕당한 마음에 위로를 가져다준다.

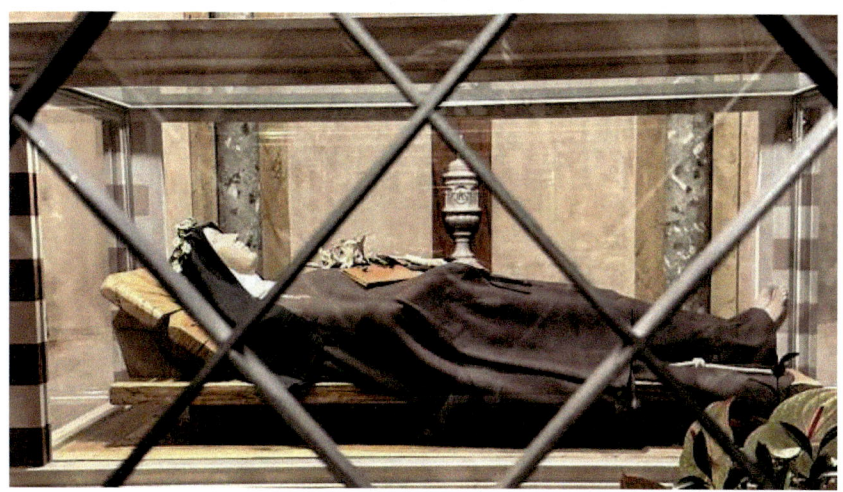

대성당 높은 제단 아래 지하에 모셔져 있는 성녀 키아라(클라라)의 무덤

성모마리아 제단화

산타 키아라 제단화의 역사적 이야기와 관련된 것은 현재 남쪽 익랑의 동쪽 벽에 전시되어 있는 성모 마리아 제단화이다.

이탈리아중부

위엄 있는 성모 마리아는 호데게트리아의 비잔틴 도상에 따라 묘사된다. 즉, 성모 마리아는 반신으로 묘사되고, 왼팔에는 축복 로고스를 쥐고 오른손으로는 그것을 가리키고 있는데, 이는 성육신의 신비를 나타낸다. 성모 마리아 뒤에서는 날개를 펼친 두 천사가 커튼을 들어 올리고 있다.

성모마리아 제단화와 아시시의 성녀 아그네스

아시시의 성녀 아그네스

카타리나는 언니 클라라보다 약 3년 늦은 1195년에서 1197년 사이에 아시시에서 태어났다. 클라라가 프란치스코의 발자취를 따라 하느님께 자신을 봉헌하기로 결심한 후(1211년 또는 1212년), 며칠 후 카타리나도 같은 삶을 살기로 결심했다. 프란치스코가 지어준 아네스라는 새 이름을 받고 클라라와 함께 산 다미아노의 가난한 자매회에 참여하기 시작했다. 다른 이탈리아 수도원에서 다양한 사명을 수행한 후, 아그네스는 병든 여동생 클라라를 보기 위해 아시시로 돌아왔고, 1253년 8월(클라라가 죽은 지 16일 후)에 그녀는 주님이자 배우자인 예수 그리스도를 영원하고 기쁘게 만나기 위해 이 세상을 떠났으며, 그녀는 여동생 베아트리스와 어머니 오르톨라나와 함께 산타 키아라 대성당의 그녀에게 헌정된 경당에 묻혔다.

아시시의 성녀 아그네스의 무덤

이탈리아중부

다미아노의 십자가

산 다미아노 성당의 십자가는 1257년, 가난한 클라라 수녀회가 산 다미아노 성당에서 아시시의 산타 키아라 원 수도원으로 옮겨왔을 때 모셔온 것이다. 1205년, 성 프란치스코는 주님의 교회를 위해 일하라는 부르심을 받고 이 십자가 앞에서 "가서, 프란치스코야, 네가 보는 바와 같이 허물어진 내 집을 고쳐 주렴."이라고 기도했다. 그는 처음에는 그리스도의 음성을 작은 산 다미아노 성당의 물리적인 복원을 요청하는 것으로 해석했지만, 나중에야 주님께서 자신을 살아있는 돌로 지어진 교회를 위해 일하라고 부르신다는 것을 깨달았다.

비잔틴 시대의 그리스도는 12세기 전반에 알려지지 않은 작가에 의해 만들어졌을 가능성이 높다. 호두나무 판넬 위에 씌운 거친 리넨 천위에 그려져 있다.

십자가에 대한 설명

(0) 다미아노의 십자가 전체
(1) 맨 위는 성부의 손을 향해 승천하시는 그리스도.
(2) 가로 팔 중앙에는 승리하신 그리스도의 뜬 눈.
(3) 가로 팔 양쪽에는 두 천사와 성인(복음사가, 사도?).
(4) 오른팔 아래에는 성모 마리아, 사도요한
   (아래 작은 그림: 예수님의 옆구리를 창으로 찌른 롱기노)
(5) 왼팔 아래에는 마리아 막달레나, 작은 야고보의 어머니 마리아, 그리고 백인대장(왼쪽 어깨너머에는 그의 치유된 아들)이 있다.
   (아래 작은 그림: 예수님을 십자가에 못 박은 로마군인)
(6) 왼쪽 다리 근처에는 떠오르는 태양과 새벽을 상징하는 작은 수탉.
(7) 발아래에는 더 이상 알아볼 수 없는 여섯 성인이 피에 젖어 있다.
   (성 고스마와 성 다미아노, 성 베드로와 바오로 사도 등으로 추정)
   그 아래에는 반석(반석위에 나의 집을 세워라 라는 의미)

아시시

(3) 가로 팔의 양쪽

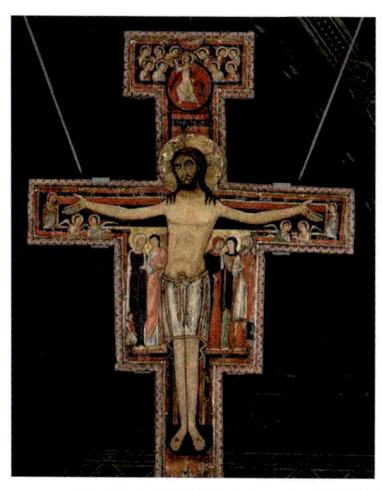

(0) 다미아노의 십자가

(2) 팔의 중앙

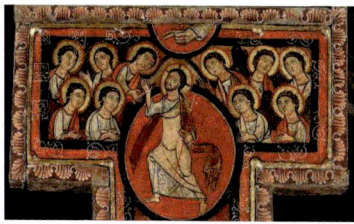

(1) 맨 위

(3) 수평팔 측면

이탈리아중부

(4) 오른팔 아래　　　　　　(5) 왼팔 아래

(6) 왼쪽다리근처　　　　　　(7) 발아래

다미아노의 십자가에 대한 그림설명

아시시

아시시의 성녀 키아라 대성당에 모셔진 다미아노 십자가 원본

이탈리아중부

바실리카의 기원

로마의 자치 도시였던 아시시는 수바시오 산기슭에 있다. 그곳은 "아름다움이 가장 빛나는 곳"으로, 크고 호화로운 포럼을 중심으로 자리 잡고 있었다. 그 포럼에서 미네르바 신전이 솟아 있었다. 야만족의 침략으로 자치 도시가 파괴된 후, 초기 중세 도시는 그 폐허 속에 묻혀 번영했다. 마치 돌로 된 외벽 안에 있는 것처럼, 데쿠마누스(decumanus)의 연장선을 따라 수평으로 발전하며 새로운 도시 성벽으로 둘러싸여 있었다. 양쪽 끝, 그리고 바깥쪽에는 프란치스코와 클라라의 영묘가 있었는데, 이는 전 세계적으로 이 도시의 자랑이자 명성이었다. 성 루피노, 성녀 클라라, 새 교회, 성녀 클라라의 무덤은 도시 문 밖에 있는 산 조르조 교회에서 구상되고 마련되었는데, 프란치스코는 이미 그곳에 임시로 묻혔고, 성인은 1253년 8월 12일에 그곳에 묻혔다. 산 조르조 교회는 같은 이름의 도시 성문 바로 바깥, 도시를 떠나 "이스펠룸 거리"로 향하는 길 바로 아래에 있었다. 또 다른 길은 산 루피노로 올라가는 길이었고, 세 번째 길은 로마 성벽을 따라 모이아노 문으로 내려가는 길이었다. 그래서 그곳은 "티비움 산 조르조(Tibium S. Georgii)"라고 불렸다. 길과 교회 사이에는 얼마 전 교회에 부속된 병원이 있었는데, 모든 것은 대성당 참사회에 달려 있었다. 성 프란치스코를 기리기 위해 건립될 교회 영묘의 위치는 그의 사망 후 2년 만에 결정되었지만, 성 클라라에게 헌정될 교회 영묘의 위치는 도시의 반대편, 산 조르조 교회 옆(마리노 비가로니, 아시시의 성 키아라 대성당)으로 즉시 결정되었다. 성녀 클라라가 죽은 지 3년, 시성된 지 1년 후인 1257년에 1212년부터 산 다미아노에 살았던 가난한 클라라 수녀원을 위한 교회와 인접한 수녀원 건설이 시작되었다.

지하납골당

근처의 산 조르조 교회에서 옮겨진 성녀 클라라의 유해는 1260년 10월 3일에 높은 제단 아래에 안치되었다. 1818년 12월 13일에 성 프란치스코의 무덤이 발견되고, 하부 대성당의 주 제단 아래에서 지하 납골당이 건설되자, 클라라 수녀회와 시민들은 신자들의 헌신을 위해 성 클라라의 무덤도 밝혀야 한다는 강렬한 열망을 품게 되었다.

그리하여 1850년 성 프란치스코의 무덤 최종 정리가 완료되자마자 성 클라라 대성당에서 그의 시신 발굴 작업이 시작되었다. 1850년 9월 23일, 성인의 무덤이 엄숙하게 개방되었다. 무덤은 높은 제대 아래 "바닥에서 종려나무 열여섯 그루 깊이"에서 발견되었으며, "두꺼운 철제 띠로 둘러싸인 불규칙한 트래버틴 블록"으로 둘러싸여 있었다. 1852년 6월 22일 "투표" 축일, 교구 주교는 성 클라라의 시신을 모실 미래의 지하 납골당 공사를 시작했다. 작업은 1872년 9월까지 계속되었다. 현재의 건물은 1934년에 진행된 신고딕 양식의 보수 공사의 결과이다.

격자창살 뒤에서 성 클라라의 유해를 경배할 수 있다. 유해는 성 유물함에 담겨 있으며, 성 유물은 거친 나무 테이블 위에 놓여 있고, 수정과 수바시오 돌로 만든 관속에 들어 있다.

원래 지하 납골당 중앙에는 규칙적인 12각형 모양의 건물이 서 있는데, 이 건물은 터널을 강조하는 두 가지 기능을 가지고 있다. 터널 안에서 성인의 유해가 담긴 단순한 트라버틴 석관이 발견되었고, 제단을 통해 예배 장소 역할을 한다.

성녀 클라라의 시신

1986년부터 1987년까지 성 클라라의 시신에 대한 마지막 검사는 몬시뇰 Gianfranco Nolli, Dr. Nazzareno Gabrielli, Dr. Maria Venturini 및 Ezio Fulcheri 교수에 의해 수행되었다.

시체를 청소하자마자 뼈의 수가 눈에 띄게 줄어들어 57개만 남았고, 뼈가 얼마나 부서지기 쉬운지도 바로 알 수 있었다.

뼈를 검사한 후 치료를 시작했다. 뼈의 소독 및 살균, 에틸 실리케이트 용액과 아크릴 수지 및 아밀 아세테이트 용액에 3번 반복하여 장시간 담가 뼈 조직을 응고시켰다. 가능한 한 뼈 조각을 재구성했다.

남아 있는 뼈의 수가 적어 완전한 골격을 이룰 수 없었기에, 새로운 성 유물함이 설계되었다. 신중한 검토 끝에 성녀 클라라의 수도복을 입은 시신 형태의 성 유물함이 선택되었다. 성 유물함의 왼쪽에는 성 유물함을 보관할 뿐만 아니라 수녀들이 볼 수 있도록 구멍을 뚫었다. 이러한 배치 덕분에 순례자와 방문객은 성 유물함의 시신만 볼 수 있다.

성녀 클라라의 위상

뼈를 검사하고 조심스럽게 재조립하여 성 클레어의 키를 계산했다. "대퇴골, 상완골, 경골의 생리학적 길이를 기준으로, 여러 개의 긴 뼈의 합을 고려하는 올리비에와 티시에의 공식을 사용하여 성녀의 키가 1.55m라는 결론을 내렸다." 따라서 성녀의 키는 뼈 검사 당시 실시된 의학 연구에 따르면 1.57m로 측정된 성 프란치스코보다 약간 작았던 것으로 결론지었다.

아시시

성녀 클라라의 얼굴 복원

성 클라라 수녀회의 요청에 따라, 최신 과학 기술을 사용하여 성인의 얼굴을 복원하려는 시도가 있었다. 지안프랑코 놀리 몬시뇰은 다음과 같이 설명한다.

[사실, 우리는 어떤 사진이나 그림으로도 얻을 수 없었던 자연스러운 비대칭성을 지닌 두개골의 모형을 제작할 수 있었습니다. 우리 얼굴의 근본적인 기반을 이루는 두개골과 얼굴뼈를 덮고 있는 피부의 두께를 정확하게 계산할 수 있었기에, 모형의 징후를 바탕으로 성 클라라의 얼굴을 얻었다고 확신합니다. 유일하게 의심스러운 부분은 코(실제로 연골은 사라졌다)와 입술의 모양이었습니다. 하지만 여기서 우리는 소위 "성 클라라 화가"의 작품을 떠올렸는데, 그의 "초상화"에서 코와 입의 모양을 정확하게 유추할 수 있었습니다. 따라서 성 클라라의 두개골에 복원된 얼굴이 가장 유사하다고 말할 수 있습니다. 실제로 우리는 감히 유일하게 진실 된 얼굴이라고 말할 수 있습니다.]

심지어 프로토모나스터리의 자매들조차도 성모 마리아의 얼굴이 복원된 것을 보고 깊은 감정을 표했다.
"베네데투치 박사의 손길로 석고 모형이 제작되고, 필요한 두께를 더한 후, 성모 마리아의 얼굴이 다시 태어나는 것을 보았다. 타원형이면서도 완벽한 대칭은 아니었고, 광대뼈가 높고 턱이 약간 튀어나왔다. 이미지의 고정된 모습 너머로, 그녀의 개성이 지닌 매력이 어느 정도 남아 있었다. 직선적이고 단호한 여성, 열정적이고 부드러우며, 예민하고 신뢰하는 여성, 그리고 아름다움과 충만함을 갖춘 균형과 신중함으로 가득 찬 여성이었다."

이탈리아중부

산 다미아노 대성당
Basilica di San Damiano

15 성지

13세기부터 작은 형제회가 거주해 온 산 다미아노 수도원과 성소는 포르치운콜라, 에레모 델레 카르체리, 키에사 누오바와 함께 아시시의 프란치스코 성소 중 하나로, 아시시의 성 프란치스코의 세라핌 관구 소속 작은 형제회가 보호하고 있다.

현재 이 수도원은 수련자, 즉 아시시의 프란치스코의 발자취를 따라 예수님을 따르고자 하는 젊은이들을 위한 "시험의 해"를 경험하는 양성소로 사용되고 있다. 프란치스코 수도복을 입음으로써, 그들은 기도, 참회, 형제애의 삶을 통해 예수님의 카리스마에 대한 이해를 심화시키고, 첫 수도 서원을 준비한다.

현재 16명의 수도사로 구성된 이 형제회는 수도 관구와 지역 교회에 대한 다양한 봉사 외에도 수련자 양성, 성지 관리, 그리고 매년 이 성지를 통과하는 수천 명의 순례자들을 맞이하고 동행하는 데 헌신하고 있다.

이곳의 최근 역사는 매우 격동적이었다. 1860년의 전복적인 법률에 따라 이곳은 이탈리아 정부에 의해 몰수되었다가 1879년 아시시 시의회에 의해 리폰 후작 G.F.S. 로빈슨 경에게 매각되었다. 이후 케르 가문에 귀속되었다. 마지막 소유주였던 로디언 후작 피터 커 경은 1983년 9월 22일자 공증 증서와 함께 이 성당을 수도회(Order of Friars Minor)에 반환했다.

로디언 경은 산 다미아노 성당이 기도와 침묵, 그리고 평화의 장소로 남아 있기를 바라며, 기증 증서에 특정 조건이나 의무를 명시했다. 그중에는 관광객 방문을 위한 제한적인 개방 시간도 포함되어 있었다. 조건이나 의무 내용은 다음과 같다. "오전 10시 이전과 오후 6시 이후에는 관광객 방문이 금지되며, 겨울에는 오후 5시 이후에 방문해야 한다.

이노센트 형제의 십자가

1555년에 개작된 십자가 고상 성당에는 팔레르모의 인노첸시오 수도사가 1637년에 제작한 나무 십자가가 상처 입고 고통 받으며 매달려 있다. 이 십자가는 성 프란치스코가 십자가에 못 박히신 그리스도를 바라보며 눈물 흘리는 모습을 묘사한 듯하다. 얼마나 많은 사람들이 그 얼굴 앞에서 눈물을 흘렸을까! 대중의 신심은 이 십자가에서 하느님 자비의 감미로움을 이끌어낸다. 주님, 당신의 뜨겁고 감미로운 사랑의 힘으로 제 마음을 사로잡으시기를 기도합니다! 지극히 거룩한 십자가 고상 수도회에서 이 십자가를 돌보고 있다.

성녀 클라라가 생을 마감한 곳

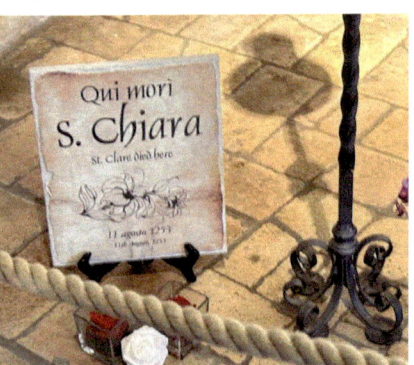

그는 42년 동안 자신의 몸이라는 석고상을 깨뜨려 교회의 집을 향기로 채웠다. 여기에서 성녀는 생을 마감하였다.

평화의 장소

1205년 어느 가을날, 주님께서는 이곳에서 프란치스코를 기다리셨다. 그리고 1211년 4월 어느 아침, 주님께서는 이곳에서 클라라와 그녀의 첫 자매들을 맞이하셨다. 그리고 그들의 그리스도인 모험이 시작되었다. "형제여, 자매여. 어쩌면 지금, 이곳에서 주님께서 당신과 약속을 잡고 계실지도 모릅니다. 네 마음이 굳건하기를 원하며, 주께서 네게 평강을 주시기를 원하노라." 하면서....

성 프란치스코 성인이 명상을 즐기면서 기도하던 장소에 세워진 동상

신 다미아노 성당 가는 돌담길은 운치가 있고 고요함의 장소이다.

이탈리아중부

산 다미아노의 성 프란치스코와 산 다미아노의 성녀 클라라

십자가

여기, 상업, 공동체, 궁정, 기사도, 십자군 이념의 마지막 잔재 속에서 위기의 불안 속에서 헤매던 프란치스코는 의미와 빛을 찾아 헤매는 거지로 도착하며 마음속에 다음과 같은 기도를 품고 있다. 오, 높고 영광스러운 하느님, 제 마음을 밝혀 주소서.

산 다미아노의 성녀 클라라

이곳은 가장 귀하고 강한 돌이었던 클라라 성인이 다른 모든 돌들의 초석이 된 곳이라고 한다. 태생적으로 고귀했고, 은총으로 더욱 고귀했으며, 몸은 처녀 같았고, 정신은 순수했다… 확고한 목적의식에, 하느님을 향한 사랑은 열렬하고 열정적이었으며, 지혜와 겸손으로 가득했다. 이름부터 클라라(영어: 클리어)였던 그녀는 삶에서 더욱 빛났고, 덕행에서도 가장 빛났다.

아시시

클라라 성녀가 생을 마감했던 장소에는 기도의 발길이 끊이지 않는다.

산 다미아노 성당의 2층에서 내려다 본 중정에는 우물이 있다.

이탈리아중부

산 루피노 대성당
Cattedrale di San Rufino

16 성지

산 루피노 대성당(이탈리아어: Cattedrale di San Rufino 카테드랄레 디 산 루피노)은 이탈리아 움브리아 주 페루자현 아시시에 있는 대성당이다. 이곳은 고대 로마시대에 포룸으로 사용되던 산 루피노 광장을 앞에 두고 있다. 그 규모가 성 프란치스코 성당(Basilica di San Francesco)에 비해 상대적으로 작은 규모이다. 5세기에 처음 지어졌으나, 1028년에 대주교의 환상에 따라 지금의 로마네스크 양식으로 재건축 되었다. 그 후로도 잦은 증축과 보수 작업을 하였고, 대지진의 피해 복구를 비롯하여 계속적으로 보수공사가 진행되어져 왔다. 내부의 입구 오른편에는 성 프란치스코(San Francesco, 1181-1226)와 성녀 키아라(Santa Chiara/클라라, 1194-1253)가 세례를 받은 수반과 그 옆에는 그들의 동상이 서있다. 박물관(Museo della Cattedrale)에는 과거 성당 벽면을 장식하였던 프레스코화가 전시되어있다.

특히 11세기 대성당의 원형이 그대로 보존 되어있는 지하 경당은 거친 느낌의 둥근 천장과 이오니아식 기둥들로 꾸며져 있다. 중앙 본당 입구 옆에는 성 프란치스코와 성녀 클라라를 묘사한 두 개의 조각상이 있는데 조반니와 그의 딸 아말리아의 작품으로 알려져 있다.

아시시

아시시의 수호성인을 기리는 세 개의 교회 중 하나인 우고니아나 성당

아시시의 수호성인을 기리는 세 개의 교회 중 우고니아나 성당, 즉 "마그남 에클레시아"는 현재 교회 묘지의 상당 부분을 차지하며 로마 시대 성벽에 기대어 있었다. 로마네스크 양식의 이 건물은 반원형 애프스로 마무리되었는데, 그 흔적은 현재 대성당 입구 근처 유리 바닥에서 볼 수 있다. 우고니 교회는 기둥과 주두에 의해 세 개의 본당으로 나뉘어 있다.

113

이탈리아중부

산타 마리아 마조레 성당
Chiesa di Santa Maria Maggiore

17 성지

이 성당은 수세기의 역사를 지니고 있다. 이 성소는 아직 수도사들에게 둘러싸여 있지 않았던 프란치스코를 조명하고 있다. "프란치스코회" 이전의 프란치스코를 말한다. 그가 자진 출가를 했을 당시, 그는 아직 이 도시의 젊은이에 불과했다. 얼마 전까지만 해도 축제의 왕이었고, 흥겨운 군중 속의 젊은이였으며, 마침내 그리스도를 사랑하는 사람이 되었다. 가족과 도시의 열정 속에서 아버지의 이해받지 못하는 현실에 맞서 싸우는 젊은이였다. 이 성소는 아마도 다른 어떤 곳보다도 아시시의 "역사"에 깊이 자리 잡고 있다. 프란치스코의 카리스마가 전 세계 곳곳에서 선교적 추진력을 발휘하여 보편 교회의 인호를 받기도 전에, 이 성소는 여전히 온전히 성벽 "안"에 자리 잡고 있었다. 젊은 프란치스코와 귀도 주교는 함께 "성령의 공범"이었던 교회의 특별한 한 쌍이었다. 교황님께서 보내주신 편지에서, 교황님은 두 분의 관계가 얼마나 모범적인지를 언급하시며, 우리 시대의 교회가 젊은이들의 대의를 포용하고, 그들을 소중히 여기며, 그들과 함께 할 것을 당부하셨다. 미래는 이러한 방식으로, 돌봄, 분별, 그리고 수용을 통해 이루어지는 이러한 영적인 협력 속에서 건설된다. 포기의 상징 안에는 영적, 사목적 삶, 심지어 사회적, 경제적 삶에까지 영향을 미치는 의미들이 담겨 있다.

산타 마리아 마조레 성당

전설에 따르면, 도시 최초의 대성당인 산타 마리아 마조레 성당은 4세기에 아시시의 두 번째 주교였던 성 사비노의 명령으로 프로페르티우스의 로마 시대 저택 위에 건축되었으며, 지하 납골당이 있는 시기와 같은 9세기에 증축된 것으로 추정된다. 1035년에 대성당이라는 명칭은 1029년경 우고네 주교가 건립한 산 루피노 대성당으로 변경되었으며, 이곳에는 수호성인의 유해가 보관되어 있다.

산타마리아 마조레 성당의 후진부 외관과 성전내부

    화재로 소실되었을 이 성당은 12세기에 조반니 다 구비오에 의해 개축되었는데, 장미창에 새겨진 명문 "DOMINI 1163 IHOANNES FECIT"(산 루피노 대성당을 지은 건축가 조반니 다 구비오의 이름일 것으로 추정)에 기록되어 있다. 이후 1216년에 후진이 재건되었고, 이 기록은 귀도 주교와 프란치스코 주교의 이름이 새겨진 명판에 기록되었으며, 이는 연단에 있는 그림 비문에도 반복되어 있다. 안타깝게도 1832년 지진으로 지붕과 오른쪽 본당이 무너지면서 이 명판은 소실되었다. 1938년에 교회는 재건되었고, 정면은 현재의 모습을 갖추게 되었다.

    교회의 성구실 또한 장식으로 가득 차 있다. 벽감에는 14세기에 제작된 예수 탄생, 예수 축복, 성모 마리아 막달레나, 성 베드로, 성 루피노, 알렉산드리아의 성녀 카타리나의 프레스코화가 있다.

이탈리아중부

카를로 아쿠티스는 누구였나?

카를로는 1991년 5월 3일 런던에서 태어났다. 밀라노에 거주했지만, 아시시에서 오랜 시간을 보내며 성 프란치스코의 영성에 깊이 빠져들었다. 급성 백혈병에 걸린 그는 이를 교황과 교회에 바칠 시련으로 여겼다. 그는 2006년 10월 12일 세상을 떠났다. 그의 유해는 2019년 4월 6일 아시시의 산타 마리아 마조레 성당(출가의 성지)에 안치되었다. 2020년 10월 10일 오후 4시 30분, 아시시의 성 프란치스코 대성당과 천사들의 성모 마리아 대성당의 교황 특사인 아고스티노 발리니 추기경이 집전한 미사에서 성 프란치스코 교황 대성당에서 시복되었고, 2025년 9월 7일 바티칸 성 베드로 대성당에서 시성식이 열리고 레오 교황에 의해 시성되었다.

 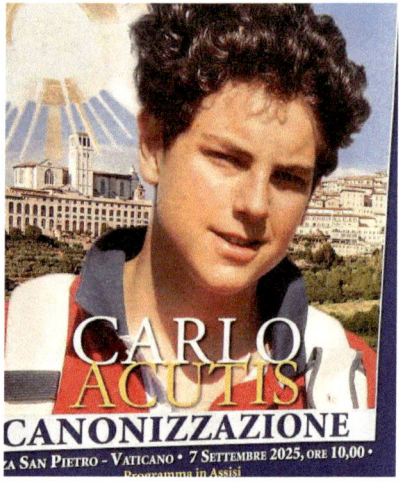

카를로 아쿠티스의 시성식(2025.9.7)을 알리는 포스터

카를로의 시신

카를로의 유해는 산타 마리아 마조레 성당(자유의 성소)에 안치되어 있다. 아시시의 다른 성당들과 마찬가지로, 이 성소에서도 그는 매

아시시

일 성찬례에 참여했다. 이 성소는 많은 순례자들이 찾는 곳이지만, 특히 프란치스코의 자유의지를 묵상하고 카를로의 무덤에서 기도하기 위해 찾아오는 젊은이들에게는 더욱 그렇다.

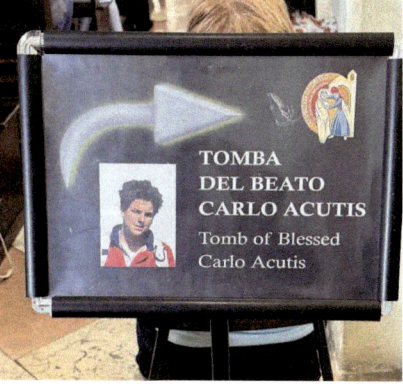

시성식을 알리는 내용과 시신이 안치된 무덤을 알리는 표지판

카를로 아쿠티스의 유해는 아시시의 산타 마리아 마조레 성당 지하에 모셔져 있다.

117

이탈리아중부

산타 마리아 소프라 미네르바 성당
Chiesa di Santa Maria sopra Minerva ad Assisi

18 성지

산타 마리아 소프라 미네르바 성당은 아시시 역사 지구에 있는 코무네 광장의 아름다운 풍경을 더욱 매력적으로 만들어 준다. 1539년 교황 바오로 3세의 뜻에 따라 고대 로마 신전 안에 건립된 이후 예배 장소로 사용되었다. 초기 중세 시대부터 이 사원의 셀라는 산 도나토에게 헌정된 작은 교회로 사용되었다. 베네딕토회에 넘어간 후, 전체 건물은 더욱 쇠퇴하여 초라한 거주 공간과 작업실로 사용되었다. 1539년부터 산타 마리아 소프라 미네르바라고 불렸던 이 교회는 1634년에 자코모 조르제티의 디자인을 따라 높이와 길이가 늘어났다. 궁전은 18세기 중반에 프란체스코 아피아니가 성 필립의 영광과 추기경과 신학적 덕목을 담은 프레스코화를 전면적으로 그렸다. 두 개의 측면제대, 합창대와 뒷쪽 합창대는 같은 시기에 피에트로 카라톨리가 디자인했다. 오른쪽 제대는 안톤 마리아 가르비가 그린 아벨리노의 성 안드레아의 죽음 그림으로 장식되어 있고, 왼쪽 제대는 마틴 크놀러가 그린 성 요셉의 죽음이다. 높은 제단은 17세기의 아름다운 치장벽토로 장식되어 있다. 최근 복원 공사를 통해 고대 신전 바닥과 견고한 지지벽을 포함한 로마 시대 유적이 발굴되었다.

아시시

산타마리아 소프라 미네르바 성당 내부의 화려한 제단

로마신전에 사용하던 대리석 기둥으로 장식한 성당 입구 및 정면

고대 사원의 정면은 지금까지도 보존되어 있으며, 아키트레이브와 작은 페디먼트를 지탱하는 6개의 코린트식 기둥이 있다. 기둥은 튼튼한 석고로 덮여 있었는데, 아마도 그 후에 채색되었을 것으로 추정하고 있다. 이 사원은 이탈리아를 여행하는 동안 독일 시인 괴테가 방문하여 그의 생애 동안 본 최초의 양호한 상태의 고대 건축물이라고 극찬한 것으로 매우 유명해졌다.

이 성당은 기원전 1세기에 도시의 콰투오르비리(quattuorviri) 두 명인 그나이우스 카이시우스(Gnaeus Caesius)와 티투스 카이시우스 프리스쿠스(Titus Caesius Priscus)에 의해 지어졌으며, 이들은 사원 건설에 자금을 지원했다. 이 사원은 전통적으로 여신 미네르바(Minerva)에게 기인하지만(여성 동상이 발견되었기 때문) 헤라클레스에게 바치는 헌납석도 발견되어 원래 이 남성 반신에게 바쳐졌을 가능성이 있음을 시사한다. 중세 시대에 이 사원은 인접한 감옥과 함께 재판소 역할을 했는데, 이는 성 프란치스코 상부 대성당에 있는 조토의 프레스코화에서 알 수 있다. 이 프레스코화에는 교회의 막대 창문이 묘사되어 있다.

이탈리아중부

산타 마리아 델리 안젤리 대성당
Basilica di Santa Maria degli Angeli

19 성지

아시시 기슭에 있는 산타 마리아 델리 안젤리 성당은 8세기 전 자신의 길을 찾던 젊은 프란치스코가 근본적이고 단순하며 혁명적인 방식으로 하느님을 만난 곳이다.

산타마리아 델리 안젤리 성당 대성전과 성당속의 성당 포르치운콜라

작은 교회 포르치운콜라의 정면과 후진의 모습

이탈리아중부

예수님과 성모님이 천사들에게 둘러싸여있는 포르치운콜라 성당 정면의 프레스코화.

포르치운콜라 성당외부와 내부 천장에 그려진 프레스코화는 4세기 작품이다.

교황 성 비오 5세(1566-1572)의 명령에 따라, 성 프란치스코를 기념하여 신성하게 된 포르치운콜라, 트란시토, 로세토의 경당과 다른 장소를 보호하고, 전 세계에서 이곳을 방문하는 많은 순례자들을 환영하기 위해 1569년과 1679년 사이에 성 마리아 델리 안젤리 대성당이 건축되었다. 갈레아초 알레시(1512-1572)의 원래 프로젝트는 프란치스코회의 "빈곤" 이념에 따라 엄격한 구조적 단순성을 특징으로 한다. 1832년 움브리아를 강타한 강력한 지진으로 인해 이 대성당이 매우 심각하게 파손되었으며, 건축가 루이지 폴레티의 감독 하에 오랜 세월에 걸쳐 복잡하게 복원 공사가 진행된 후, 1840년 9월 8일에 예배를 위해 다시 개방되었다. 성소의 중요성에 걸맞은 기념비적인 외관을 갖추기 위해 체사레 바차니의 디자인을 바탕으로 전면적으로 재건축되었다. 1930년 6월 8일에 개관했으며, 꼭대기에는 웅장한 금박 청동 성모상이 세워졌다.

포르치운콜라. 바로 이곳에서 모든 것이 시작되었다.

산타 마리아 델리 안젤리 대성당의 중심부에는 작고 소박한 교회가 있다. 단순하고 텅 비어 있지만, 역사와 우아함이 가득하다. 엄청난 가치를 지닌 "작은 부분". 포르치운콜라라는 이름은 산타 마리아 델리 안젤리에게 헌정된 이 작은 교회가 서 있는 땅의 "작은 부분"을 뜻하는 포르치운콜라에서 유래했다. 아마도 4세기에 건축되어 수 세기 동안 베네딕토회에 맡겨졌지만, 오랫동안 방치되었다. 이곳은 성 프란치스코가 기도 중에 들었던 "가서 내 집을 고쳐라"라는 음성에 순종하여 직접 복원한 세 번째 교회였다. 그는 이곳에서 복음을 듣고 진지하게 받아들였으며, 하느님께서 자신을 가난과 형제애 속에서 살라고 부르신다는 것을 깨달았다. 그 순간부터 포르치운콜라는 프란치스코회의 영적 중심지가 되었다. 1209년에는 바로 이곳에 작은 형제회가 설립되었고, 베네딕토회 수사들은 프란치스코의 성덕을 인정하여 작은 교회와 주변 땅을 그에게 기증했다.

이탈리아중부

포르치운콜라의 용서-전대사

1216년 프란치스코는 여느 때처럼 포르치운콜라 가까이에서 깊은 기도에 빠져 있었다. 갑자기 환한 빛이 작은 성당에서 흘러나왔고, 제대위에는 그리스도와 그분의 지극히 거룩한 어머니가 수많은 천사들에 둘러싸여 있었다. 그분들은 그에게 영혼의 구원을 위하여 무엇을 원하느냐고 물었다. 프란치스코는 "이 성당을 방문하여 자기 죄를 통회하고 고백한 모든 사람들이, 모든 죄의 완전한 사함과 더불어 관대한 용서를 얻기를 청합니다" 주님께서 말씀 하셨다. "프란치스코, 네가 청하는 것은 큰 것이다. 그렇지만 너는 그것을 받을 만 하고 받게 될 것이다. 너는 나의 지상 대리자에게 가서 나의 이름으로 이 전대사를 청하여라." 프란치스코는 즉시 교황 호노리오 3세께 가서 말씀드렸고 교황께서는 신중하게 잘 들으신 다음 허락하시며 "몇 년을 원하느냐?." 하고 물으셨다. 프란치스코는 즉시 "교황님 저는 몇 년을 원하는 것이 아니라 영혼을 원합니다." 하고 대답하였다. 행복하게도, 1216년 8월2일 교황은 움브리아의 주교들과 함께 포르치운콜라에서 그곳에 온 사람들에게 다음과 같이 선포하였다. "나의 형제들이여, 나는 여러분 모두를 천국으로 데리고 가고 싶습니다!" 이렇게 하여 아시시의 용서가 탄생했고, 매년 수천 명의 순례자들이 자비와 평화를 찾아 포르치운콜라로 모여든다.

포르치운콜라※ : 모든 것이 시작된 곳

산타 마리아 델리 안젤리 대성당의 중심에는 포르치운콜라는 작은 교회는 프란치스코가 산 다미아노의 십자가에서 "가서 내 집을 수리하라"는 말씀을 듣고 직접 수리한 곳이다.
천사들의 성모 마리아에게 봉헌된 첫 경당은 4세기 경에 건축된 것으로 추정된다. 오랫동안 이곳은 방치되었으며, 성 프란치스코(1182-1226)가 직접 수리한 세 번째 성당이다.

그는 소형수도회를 설립하여 세상에 열린 단순하고 순회적인 공동체에 생명을 불어넣었다. 1211년 종려주일 밤에 이곳에서 하느님께 대한 헌신을 시작한 성녀 클라라를 환영했다. 그는 주님과 교황 호노리우스 3세로부터 포르치운콜라의 면죄부, 즉 아시시의 용서라는 영적인 은총을 받았다. 이 은총은 회개하고 고백한 뒤 개심의 정신으로 이곳을 찾는 모든 사람에게 주어진다.

전이경당-자매 죽음을 맞이한 곳

이 경당은 1226년 10월3일 저녁 무렵 44세의 나이로 성 프란치스코께서 돌아가신 장소에 세워졌다. 땅 위에 자신을 눕히고, 형제들에게는 주님께 기쁨에 찬 찬미의 노래를 불러 달라고 부탁하며, 죽음을 자매로 맞이한다. 이곳에서 태양의 찬가의 마지막 결론 부분을 삽입하고 마지막으로 형제들을 강복하였다.

성지를 방문한다는 것은 프란치스코회의 살아있는 역사 속으로 들어가는 것을 의미한다. 이곳의 모든 돌은 만남의 이야기를 담고 있으며, 모든 공간은 은총의 통로를 담고 있다. 포르치운콜라는 믿음과 용서, 자비의 보물 상자이다. 가시 없는 장미 정원은 프란치스코가 유혹에 맞서 싸우며 주님께 신뢰를 두었던 곳이다. 이러한 성지를 보호하고 환영하기 위해 지어진 산타 마리아 델리 안젤리 교황 대성당. 포르치운콜라 박물관과 콘벤티노 공간은 예술, 역사, 영성이 만나는 곳이며, 생동감 넘치고 환영하는 성소이다. 포르치운콜라는 단순한 기억 그 이상이다. 매일 우리가 기도하고, 기념하고, 환영하는 살아있는 공간이므로 매년 수백만 명의 순례자들이 침묵의 순간, 빛의 말씀, 형제애의 표시를 위해 이곳을 찾는다.

"포르치운콜라(Porziuncola)"라는 이름은 라틴어 "포르치운쿨라(portiuncula)"에서 유래했는데, 이는 "작은 땅"을 뜻하며, 프란치스코가 베네딕토회에서 받은 고대 산타 마리아 델리 안젤리 교회가 있던 땅을 가리킨다.

이탈리아중부

프란치스코회의 살아있는 중심지

프란치스코는 포르치운콜라에서 형제들을 모아 큰 회의, 친교의 시간, 토론, 그리고 복음 여정의 쇄신을 위한 시간을 가졌다. 형제들은 이곳에서 시작하여 전 세계로 뻗어 나가며 복음을 생생하고 단순하게 전했다. 오늘날에도 이 작은 공간은 기도하고 화해하며 거듭나기 위해 찾아오는 수백만 명의 사람들을 맞이하고 있다.
포르치운콜라 옆에는 작고 단순하고 아늑한 경당이 있다. 이곳은 성 프란치스코가 지상 여정을 마치고 죽음의 자매로부터 "육체의 죽음이여, 환영한다, 나의 자매여"라는 말로 환영을 받은 곳이다.

고요함 속에서 살 수 있는 곳

경당에 들어서는 순간, 친밀함과 신성함이 느껴진다. 모든 돌, 모든 숨결이 신뢰, 포기, 그리고 확신을 말해주는 듯하다.
벽에는 우골리노 다 벨루노 수도사가 만든 스테인드글라스 창문이 있는데, 형태와 색채를 통해 포베렐로의 마지막 숨을 거둔 장면이 묘사되어 있다. 중앙에는 줄리아노 방기가 조각한 나무 조각상이 있는데, 아버지의 품에 버려진 채 벌거벗고 고요한 프란치스코의 모습을 묘사하고 있다.

프란치스코 영성의 핵심

트란시토를 방문하는 것은 프란치스코의 삶에서 가장 심오한 순간, 즉 부활, 아버지께로의 귀환, 그리고 마지막 증언에 들어가는 것을 의미한다. 바로 여기에서 복음적 경험이 가장 순수한 형태로 실현된다. 사랑 안에서 살아온 이들에게 죽음은 끝이 아니라 영원한 기쁨의 시작임을 깨닫는 것도 바로 이곳이다 산타 마리아 델리 안젤리 대성당 뒤에는 조용하고 신성한 곳이 있다. 바로 포르치운콜라 장미 정원이다. 성 프란치스코와 그의 첫 동료들이 살았던 고대 숲의 일부이다.

가시 없는 장미의 기적(장미정원)-유혹의 장소

고대 전승에 따르면, 어느 날 밤 프란치스코는 의심과 유혹에 시달렸다. 하느님을 향한 철저한 신뢰의 행위로, 그는 벌거벗은 채 가시덤불 속으로 몸을 던졌다. 그의 몸에 닿자 가시는 사라지고, 세상에서 단 하나뿐인 장미, 아시시엔시스(Asisiensis)가 솟아올랐다. 이 장미는 오늘날 이곳에서만 가시 없이 피어나고 있다고 한다.

장미 경당/침묵과 기도의 기억-프란치스코의 거처

프란치스코가 살았던 오두막 자리에 1260년에 작은 경당이 지어졌고, 이후 1440년경 시에나의 성 베르나르디노가 이를 확장했다. 오늘날에는 장미 경당 또는 성 프란치스코의 감옥으로 알려져 있다.
2층으로 구성된 이 기도실은 16세기에 티베리오 다시시가 만든 프레스코화로 장식되어 있다. 아래층에는 프레테 일라리오의 제단화에서 따온 용서의 장면이 묘사되어 있고, 윗 층에는 성 프란치스코와 그의 첫 12명의 동료, 그리고 성 클라라, 성 보나벤투라, 성 베르나르디노와 같은 다른 프란치스코회 성인들이 나타나 있다. 경당 아래, 작은 동굴에는 기도하는 성인의 동상이 있고, 그가 면죄부의 선물을 선포했던 설교단 들보의 잔해도 있다.

이탈리아중부

교황 대성당

아시시 평원의 중심부에는 기독교에서 가장 많이 방문하는 장소 중 하나인 산타 마리아 델리 안젤리 대성당이 있다. 이곳에는 성 프란치스코가 사랑했던 작은 교회인 포르치운콜라와 이동 경당, 가시 없는 장미 정원이 있다. 이 장엄한 성당은 프란치스코회의 성지를 보존하고 멀리서 온 수많은 순례자들을 맞이하기 위해 1569년 교황 성 비오 5세의 명령으로 건축되었다.
현재의 위풍당당하고 엄숙한 외관은 1930년 체사레 바차니의 개입으로 완성되었다. 꼭대기에는 금박을 입힌 거대한 청동 성모 마리아상이 방문객을 맞이한다.

성전/전례와 영적 중심지

반원형 애프스에는 수도사들이 직접 제작한 우아한 17세기 목조 성가대가 있다. 바로크 양식의 목조 설교단에는 아시시의 용서와 관련된 장면들이 조각되어 있다. 노란색 시에나 대리석으로 만들어진 높은 제대에는 그리스도와 프란치스코회 성인들을 묘사한 일곱 개의 청동 패널이 있다. 측면의 설교단은 성 프란치스코의 생애에서 일어난 일화들을 들려준다. 제대 아래에는 지하 납골당이 있는데, 1966년 수도사들이 처음 정착했을 당시의 것으로 추정되는 고대 건축물의 유적이 발견되었다.

사이드 채플/신앙과 예술

측면 통로를 따라 각 면에 5개씩, 총 10개의 경당이 있는데, 이는 원래 알레시가 설계했다. 수 세기에 걸쳐 귀족 가문, 형제회, 그리고 여러 기관들이 이 경당들을 후원해 왔으며, 그들의 헌신과 영적 정체성을 나타내는 그림과 조각 장식으로 경당을 더욱 풍요롭게 했다. 오늘날 이 경당들은 예술, 기도, 그리고 기억을 통한 신앙의 여정을 상징하며, 수 세기 동안 마리아와 프란치스코회 신심의 활력을 보여준다.

이탈리아중부

아시시 코무네광장
Piazza del Comune

20. 관광지

성 프란체스코 성당에서 아기자기한 길을 따라 10분 정도 걸으면 코무네 광장에 도착한다. 7개의 길과 연결된 이곳은 고대부터 현대까지 아시시의 중심 역할을 하고 있는 광장으로, 오래된 중세 도시의 모습을 그대로 간직하고 있다. 가장 먼저 시선을 끄는 것은 바로 '시민의 탑'이라고 불리는 네모난 탑이다. 45m 높이의 탑의 꼭대기에는 무게가 무려 4톤이나 되는 찬미의 종이 있다. 고개를 돌리면 고대 로마시대의 건축물인 미네르바 신전이 있다. 세월의 흔적을 지닌 코무네 광장과 아시시 골목을 천천히 거닐며 고대와 중세 시대의 한 장면을 상상해 보는 것도 재미있을 것이다.

산타마리아 마조레 성당의 후진부 외관과 성전내부

    화재로 소실되었을 이 성당은 12세기에 조반니 다 구비오에 의해 개축되었는데, 장미창에 새겨진 명문 "DOMINI 1163 IHOANNES FECIT"(산 루피노 대성당을 지은 건축가 조반니 다 구비오의 이름일 것으로 추정)에 기록되어 있다. 이후 1216년에 후진이 재건되었고, 이 기록은 귀도 주교와 프란치스코 주교의 이름이 새겨진 명판에 기록되었으며, 이는 연단에 있는 그림 비문에도 반복되어 있다. 안타깝게도 1832년 지진으로 지붕과 오른쪽 본당이 무너지면서 이 명판은 소실되었다. 1938년에 교회는 재건되었고, 정면은 현재의 모습을 갖추게 되었다.

    교회의 성구실 또한 장식으로 가득 차 있다. 벽감에는 14세기에 제작된 예수 탄생, 예수 축복, 성모 마리아 막달레나, 성 베드로, 성 루피노, 알렉산드리아의 성녀 카타리나의 프레스코화가 있다.

이탈리아중부

아시시 코무네광장 주변 중심가의 거리풍경과 아시시역, 그리고 아시시 시내에서 내려다 본 광활한 평원은 보는 이로 하여금 저절로 가슴이 탁 트이게 만든다.

가는 길: 시간이 멈춘 중세도시 시에나에서 열차를 이용하거나, FlixBus를 이용하여 아시시 기차역으로 와서 시내버스를 타고 성역으로 가면 된다. 로마에서는 띠브로띠니역에서 2시간 40분 정도 소요. 여러 번 갈아타야 함.

 ## 3. 페스카라

　아브루초주의 항구도시 페스카라는 인구 12만 명의 대도시이다. 이탈리아 반도의 로마에서 동쪽 끝 아드리아 해 연안에 자리한 대표적인 휴양도시이다. 로마에서 기차를 타면 3시간 반 버스는 2시간정도로 버스가 훨씬 빠르고 저렴하다. 제2차 세계대전 때 폭격을 많이 받고 재건되어서 이탈리아 도시 중에서는 건물들이 현대화 되어 있고 도시의 거리도 대부분 바둑판 모양으로 계획정비 된 도시이다.

페스카라는 이탈리아 동쪽 아드리아 해의 휴양도시이다.

이탈리아남부

페스카라의 시원한 아드리아 해변

페스카라역은 이탈리아 동부의 교통 요충지이다

산 조반니 로톤도

페스카라역

아드리아 해를 따라 끝없이 펼쳐지는 해변 휴양지

이탈리아남부

SAN GIOVANNI ROTONDO
4. 산 조반니 로톤도

　산조반니로톤도 San Giovanni Rotondo는 이탈리아 남부 풀리아 주 포자Foggia 도의 도시이자 코무네※이다. 산 조반니 로톤도는 1916년 7월 28일부터 1968년 9월 23일 사망할 때까지 성 피에트렐치나의 비오가 거주했던 곳이다. 피에트렐치나의 비오 순례 교회는 성인을 기리기 위해 지어졌으며 2004년 7월 1일에 봉헌되었다. 이 도시에는 피에트렐치나의 비오 성인이 설립한 병원 및 의료 연구 센터인 카사 솔리에보 델라 소프레차 (고통 경감의 집)가 있다. 인근의 성 미카엘 대천사 성지 또한 가톨릭 순례지이며 1987년 교황 요한 바오로 2세가 방문했다.

※ 코무네(이탈리아어: comune, 복수형 코무니)는 이탈리아의 행정 구역의 일종으로 도 아래에 놓이는 기초 지방 자치체이다. 한국의 시 또는 군에 해당한다고 보면 된다.

산 조반니 로톤도

산 조반니 로톤도는 이탈리아 남동부 풀리아(아풀리아) 지역, 몬테 칼보 아래 가르가노 곶에 위치한 마을로, 포자 시 바로 북북동쪽에 있다. 이 마을은 폐허가 된 유피테르 신전 위에 세워졌다고 전해지며, 고대 원형 세례당(로툰두스)에서 이름을 따왔다. 산토노프리오 교회는 13세기에 지어졌다. 제2차 세계 대전 이후, 이 마을은 산타 마리아 델레 그라치에 수녀원의 성흔을 가진 파드레 피오 다 피에트렐치나를 기리는 순례로 세계적으로 유명해졌다. 인구는 26,500명 (2006년)

파드레 피오(1887년 5월 25일 이탈리아 피에트렐치나 출생 - 1968년 9월 23일 산 조반니 로톤도에서 사망, 2002년 6월 16일 시성, 축일 9월 23일)는 로마 가톨릭교회의 이탈리아 사제이자 성인이었다.

독실한 로마 가톨릭 가문에서 태어난 그는 5세에 예수님께 자신을 헌신했다. 15세에 그는 카푸친회에 들어가 성 비오 1세를 기리기 위해 비오라는 이름을 받았다. 1910년, 사제가 된 해에 그는 처음으로 성흔(십자가에 못 박힌 예수님의 상처에 해당하는 신체의 흔적)을 받았지만 결국 치유되었다. 그는 1915년 제1차 세계 대전 중 의료 봉사를 위해 이탈리아 군대에 징집되었지만 건강이 좋지 않아 곧 제대했다. 그는 1918년에 다시 성흔을 받았고 이번에는 죽을 때까지 그와 함께 있었다. 이러한 그의 거룩함의 표징과 다른 표징(예: 동시에 두 곳에 있을 수 있는 능력과 치유의 은사)은 점점 더 많은 순례자를 그에게 끌어들였다. 그는 자선과 경건함으로 유명했으며 2002년 교황 요한 바오로 2세에 의해 시성되었다.

이탈리아남부

피에트렐치나의 성 비오 성역
Santuario di San Pio da Pietrelcina
21 성지

카푸친 작은 형제회가 산 조반니 로톤도에 존재하게 된 것은 1540년으로 거슬러 올라가는데, 그 해에 지역 후원자(오라지오 안토니오 란디)가 새로 생겨나는 카푸친 수도회에 작은 땅과 짚으로 만든 매트리스를 제공했다. 고대 교회 묘지에 아직도 남아 있는 작은 십자가는 그 해부터 그들의 존재를 증명한다. 성 비오는 대부분의 사제 직무를 고대 교회에서 수행했다. 여기서 그는 아침 일찍 성찬례를 거행하고 성사, 특히 고해성사를 집전했다. 고해사제라는 그의 직무의 특별한 사명이 가르가노 출신 성인의 모든 활동의 특징이 되었기 때문에, 2002년 이후 순례자들은 이곳에서 전대사를 얻을 수 있게 되었다.

교회 내부에는 은총의 성모상도 보존되어 있는데, 성 비오뿐만 아니라 지역 주민 전체가 특별히 신봉하는 성모상이다.

산 조반니 로톤도

교회 내부에 보존되어 있는 은총의 성모상과 제대

산타마리아 델레 그라치에 성당
Santuario di Santa Maria delle Grazie

22 성지

　1920년대 초부터 가르가노 산을 오르는 순례자의 수가 꾸준히 증가했고, 산타 마리아 델레 그라치에의 작은 교회는 이 "도움이 필요한 사람들"을 수용하기에 분명히 부족했다(파드레 피오는 반복적으로 야외에서 미사를 집전해야 했다). 하지만 성소 공사는 1956년이 되어서야 시작되었다. 교회는 건축가 주세페 젠틸레(보이아노 출신)의 세심한 감독 하에 형태를 갖추었고, 1959년 7월 1일에 봉헌되었다. 교회는 세 개의 본당으로 구성되어 있으며, 중앙 본당은 후진에 있는 웅장한 모자이크로 장식되어 있다. 이 모자이크는 바티칸 학교에서 가

산 조반니 로톤도

져온 것으로, 천사의 영광 속에 있는 은총의 성모 마리아와 마리아와 고통 받는 인류 사이의 중재자인 성 비오의 모습을 묘사하고 있다.

사제관에는 2008년 12월 13일에 봉헌된 새 제대가 있으며, 이는 파드레 비오 신부님께서 1959년부터 1968년 9월 22일까지 성찬례를 집전하셨던 제대를 대체하였다. 옛 성찬상은 감실 바닥의 주 제대에 마치 보석처럼 "차려져" 있다.

측면 통로에는 아홉 개의 작은 제대가 장식되어 있는데, 무엇보다도 은총의 성모 마리아 목조상과 성 요한 바오로 2세와 캘커타의 복자 테레사 수녀님을 묘사한 두 점의 최근 모자이크와 그들의 유해가 있다.

이탈리아남부

피에트렐치나의 파드레 비오 교회
Santuario di Santa Maria delle Grazie

23 성지

카푸친 작은 형제회와 파드레 비오의 형제들, 그리고 수많은 신도들은 피에트렐치나의 성 비오 성당이 성인의 유해를 가장 잘 보관하는 동시에, 특히 일요일에 거행되고 많은 신자가 참석하는 성찬례 거행의 품위를 높여주기를 간절히 바랐다. 건축 콘셉트는 저명한 건축가 렌초 피아노가 맡았고, 전례적인 측면을 감독한 크리스피노 발렌치아노 주교의 도움을 받았다.

이후, 신자들이 이 성지를 순례하는 삶의 중요한 측면들을 더 잘 이해할 수 있도록 카푸친 형제회는 사제 렌초 피아노에게 성당 건축을 맡겼다. 마르코 이반 루프니크는 세례 받은 사람으로서의 삶의 의미(새로운 사람의 길)를 재발견하고 그리스도께로 인도받도록 신자들을 격려하는 성화 여행을 통해 성 비오와 세라핌 신부 성 프란치스코의 모범을 따르고, 이어서 그들을 그리스도의 신비(천상의 왕의 궁전)로 안내하는데, 이 그림은 하부 교회 전체에 훌륭하게 묘사되어 있다.

산 조반니 로톤도

주님의 날을 준비하는 마리아 횃불 행렬

수년 동안 부활절 토요일부터 10월 마지막 토요일까지(별도로 명시되지 않는 한) 매주 토요일마다 산타 마리아 델레 그라치에 성당에서 성모 마리아 횃불 행렬이 주님의 날을 준비하며 진행되어 왔다. 성모 마리아의 이름을 딴 성당에서 공경하고 모셔진 은총의 성모 목조상은 신자들이 밀고 동행하며 산 피오 다 피에트렐치나 성소까지 행렬을 이룬다. 이를 위해 성모 마리아 횃불 행렬에 성모 마리아 주자 또는 횃불 주자로서 적극적으로 참여하기를 원하는 모든 순례자는 순례 사무실에 연락할 수 있다.

다양한 자격으로 성모 마리아 횃불 행렬에 참여하는 단체 및 협회는 각자의 특징적인 표지판(배너, 깃발 또는 기타 품목)을 가져올 수 있으며, 성소 직원이 행렬 중 각 사람의 위치를 표시할 책임이 있다. 이 기간 외에는 별도의 합의가 없는 한 매주 토요일 오후 8시 45분에 "산타 마리아 델레 그라치에" 교회에서 성모님께 성모 마리아께 묵주기도와 간구, 분향을 바친다.

대 성전 내부 벽과 천장의 금박 모자아크 장식

이탈리아 남부

비오 성인의 무덤에 기도하는 순례자의 손

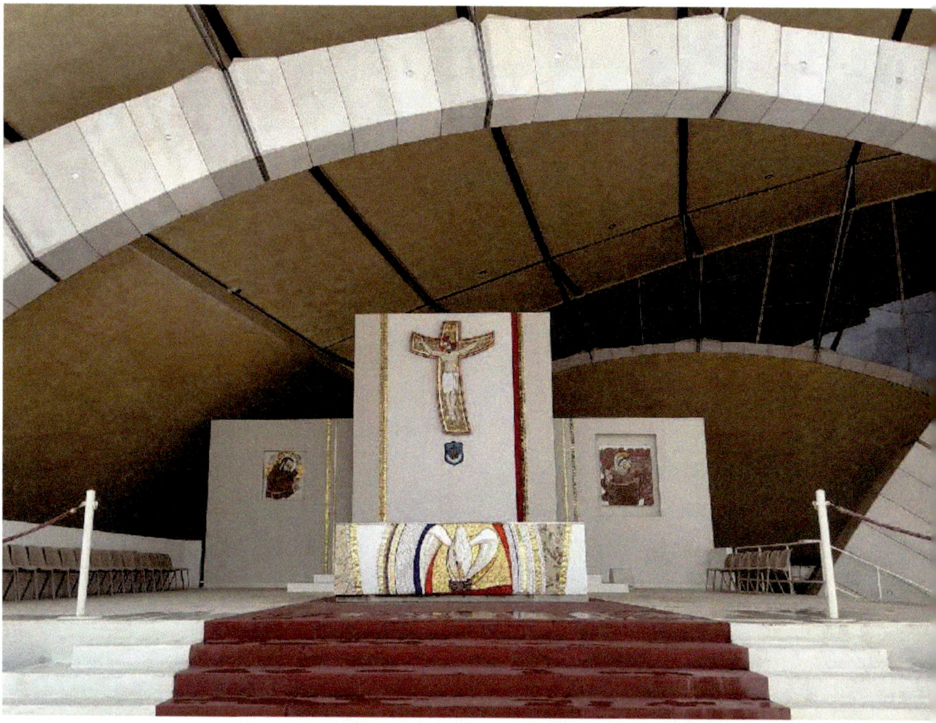

산 조반니 로톤도

151

이탈리아남부

피에트렐치나의 성 비오

피에트렐치나의 성 비오 사제의 이콘과 사진

이탈리아의 카푸친 작은형제회 사제이며 가톨릭의 성인이다. 프란치스코 포르지오네는 1887년 5월 25일 이탈리아 남부 피에트렐치나에서 태어났다. 피에트렐치나는 신앙심이 깊은 사람들이 많이 거주하는 도시였다. 마을 사람들이 단체로 미사에 참례하는 건 기본이고, 묵주기도마저 단체로 바치는 경우가 매우 잦았다고 한다. 프란치스코는 성벽 인근에 있는 성녀 안나 경당에서 유아세례를 받았다.

어린 프란치스코는 자주 예수와 성모 마리아, 그 외 여러 성인들과 대화를 나누었다고 한다. 그는 10대 초반이 되어서야 부모에게 이 사실을 밝혔는데, 이유인즉 그것이 자신뿐만 아니라 모든 사람에게 일어나는 지극히 일상적인 일인 줄 알았기 때문이라고 한다. 부모조차도 프란치스코가 밥 먹다가 "엄마, 오늘 성모님이 그러시던데-"와 같은 일상적인 대화를 하는 바람에 알았다고 한다.

산 조반니 로톤도

성혈을 축성하는 생전의 비오 신부

어린 프란치스코는 탁발과 설교를 하러 다니던 카푸친 작은형제회 수사들을 보고, 자신도 카푸친 작은형제회에 입회하기로 결심했다. 부모가 어떤 수도회에 들어가려 하는지 묻자, 프란치스코는 카푸친회가 아닌 다른 수도회는 절대 싫다며, "수염을 기르고 다니는 수사님들인 카푸친 회 수사가 되고 싶어요!"라고 답했다고 한다. 프란치스코는 1910년에 사제품을 받았고, 수품 4일 후 천사들의 모후 성당에서 첫 미사를 집전했다. 그는 일평생 동안 피에트렐치나에서 살았다. 사제로서 그는 매우 엄격했다. 일례로 그는 고해성사 때에 거짓말을 하는 신자는 내쫓고, 죄를 지어 고해성사를 보고 나서 또 같은 죄를 지어 또 고해성사를 보려고 하는 경우에는 "같은 죄를 한두 번은 사해줄 수 있지만, 3번째부터는 주님이 흘리신 거룩한 피에 모독이 될 수 있어요!"라고 말하며 사죄경을 외워주지 않았다. 비오 신부는 매 주마다 같은 죄를 지어서 고해성사를 보러 오는 신자에게는 사죄경을 외워주지 않았고, 40년 만에 정말 진실 된 마음으로 고해성사를 본 신자에게는 사죄경을 외워준 적이 있다. 사실 다른 사제들도 이럴 수 있긴 하지만, 그때나 지금이나 잘 이러진 않는다. 비오 신부도 자기 방식을 다른 신부들에게는 추천하지 않았다.

거의 같은 시기, 이탈리아 파도바의 카푸친 작은형제회 수도원에 있던 '카스텔누오보의 성 레오폴도(1866-1942)' 신부는 언제나 매우 온화하고 자상하게 고해성사를 베풀었으며, 또한 때때로 사람들의 마음을 꿰뚫어보는 능력을 발휘하여 역시 명망이 높았다. 성 레오폴도는 신자들에게는 일부러 매우 관대한 보속을 주고, 대신 자기가 고백자들의 몫까지 기도하고자 하였다. 레오폴도 신부는 비오 신부와 거의 동시대를 살았고 먼저 시성되었으나 생전에 두 사제가 만난 적은 없었다. 하지만 거의 같은 시기에 똑같이 이탈리아에서, 똑같이 카푸친 수도회 소속이었으므로 이름은 전해들을 수 있었던 모양이다.

어떤 신자들이 오상의 성 비오 신부에게 "파도바에 계신 레오폴도 신부님은 고해성사를 언제나 온화하고 따뜻하게 주신다는 데, 왜 비오 신부님은 그렇게 호통도 잘 치고 하시나요?" 하고 물어보았다. 그러자 비오 신부가 "레오폴도 신부님이 골 때리는 고백자를 만나면, 보속으로 저한테 보냅니다."라고 답했다 한다. 물론 진짜로 그랬다는 소리는 아니고 농담. 성 레오폴도 신부가 생전에 한 말에 이런 것이 있었다. "어떤 사람들은 제가 고백자들에게 너무 너그럽다고 말하기도 합니다. 하지만 사람들이 제 앞에서 무릎을 꿇는 것만으로도 사람

산 조반니 로톤도

들은 충분히 하느님의 용서를 바라는 것이 아니겠습니까? 하느님의 자비는 모든 것을 넘습니다." 이는 똑같은 수도회에 몸담은 성직자들이었지만, 개인적인 삶 속에서 추구한 영성의 초점이 서로 달랐음을 알 수 있는 대목이다.

또한 비오 신부는 미사를 집전할 때도 기도문 하나하나에 빠져들며 집전했기에, 미사 1대당 무려 3시간이나 걸려 집전했다고 한다. 스스로 고행을 하였으며, 돌베개와 돌바닥에서 잠을 잤다고 한다. 1968년 9월 23일에 사망했는데, 그의 죽음이 알려지자 피에트렐치나의 모든 신자들이 모두 울며 그를 추모했다고 한다.

교황 요한 바오로 2세 재위 중인 1990년 비오 신부의 시복시성 청원이 교황청 시성성에 접수되면서 하느님의 종이 되었고, 1997년 가경자가 되었다. 그 후 전개된 기적 심사에서 비오 신부에 대한 전구로 질병이 치료된 것이 기적으로 인정되어 1999년 5월 2일 시복되었

으며, 3년 후인 2002년 6월 16일 성인의 반열에 올랐다.

예수님이 십자가에 못박히는 장면과 비오 성인의 무덤을 참배하는 순례자

2008년에는 사후 40주기를 맞아 성인의 유해를 발굴했는데, 정수리 일부의 뼈가 드러난 것 이외에는 유해가 온전한 상태였다. 신자들이 유해를 참배하고 공경할 수 있도록 유리관에 공개하면서 얼굴에는 밀랍 마스크를 씌웠다. 그가 오상을 가지고 있었다는 점부터가 기적이었다. 죽기 하루 전에 완전히 사라졌으며, 아기와 같이 보드랍고 새하얀 피부만이 남아있었다고 한다. 다만 교황청은 이 성인의 오상을 인정하지 않았다. 사실 이뿐만 아니라 오상을 가졌다고 알려진 다른 성인들의 오상도 인정하지 않고, 예수 그리스도의 수난에 대한 너무나도 깊은 공경을 가지고 있었기에 그로 인해 생긴 것으로 해석한다. 하지만 비오 신부 본인에겐 이 오상이 너무 아파서 평생 고통이었다. 순례객들이 호기심 등의 이유로 만지거나 하면 비명을 질렀다고 한다. 어느 날 한 사람이 "신부님, 오상은 어떤 느낌입니까?"라고 묻자

비오 신부는 그에게 "그대의 손에 못을 관통시켜서 그것을 이리저리 돌리며 사방으로 당겨보면, 내 고통의 3분의 1 정도 느낄 수 있을 것입니다!"라고 답했다 한다.

그런데 그의 오상을 직접 본 사람은 그리 많지 않은데, 늘 반장갑을 끼고 다녔기 때문이라 한다. 그래도 미사를 집전하다가 축성경을 외우면 그의 두 손에서 피가 흘러내리는 것은 모두가 볼 수 있었다. 그밖에도 성 비오 신부는 예언의 능력을 가지고 있었다. 일례로 비오 신부는 제2차 세계 대전이 끝난 직후인 1947년 폴란드에서 이탈리아로 유학 온 젊은 사제를 만난 적이 있었는데, 그 사제가 장차 교황이 될 것이라고 예언하며 "신부님이 앞으로 수행할 교황의 자리에 피가 보이는군요!"라고 덧붙였다. 비오 신부가 만난 젊은 사제는 카롤 보이티와 신부, 바로 훗날의 교황 요한 바오로 2세였다. 그리고 그는 교황 재직 중 암살당할 뻔한 일이 있다. 이후 비오 신부는 요한 바오로 2세 교황의 재위 시절에 시복, 시성이 이루어졌다.

1938년, 후에 이탈리아 왕국의 국왕이 되는 움베르토 왕세자의 아내인 마리조제 왕세자비가 비오 신부와 만나게 되었다. 비오 신부는 "곧 끔찍한 전쟁이 터질 것이며, 이탈리아의 군주제도 이 전쟁의 여파로 사라질 것입니다."라고 예언하였다. 실제로 제2차 세계대전이 터지고, 이탈리아 왕실은 전후 국민투표를 통해 폐지되었다. 이후로도 마리조제는 비오 신부와 편지를 주고받았는데, 비오 신부는 "이탈리아의 군주제가 다시 복원되어 사보이아 가문의 방계 혈통인 아오스타 가문에서 다시 군주가 즉위할 것이다"라고 예언하였다.

신기하게도 비오 신부가 사망하고 우에 그의 시성을 기념하는 자리에서 사보이아아오스타 가문의 아이모네 왕자가 카푸친회 수사들의 초대로 비오 신부의 시성을 축하하는 자리에 참석하였는데, 그 자리에서 공개된 부조에 아이모네 왕자의 15살 시절의 모습이 나타나 있었다. 이 부조는 비오 신부의 생전에 만들어진 것이고 비오 신부가 사망했을 당시 아이모네 왕자는 1살에 불과했다는 사실을 상기하면, 참으로 놀라운 일이 아닐 수 없다. 일각에서는 비오 신부가 아이모네 왕자가 이탈리아의 국왕으로 다시 돌아온다는 것을 예언하기 위해 이 부조를 만든 예술가들에게 영향을 주었다고 추측하기도 한다.

새 성전의 벽을 화려하게 장식한 예수님의 생애를 그린 금박 모자이크

그가 일으켰다는 기적은 여럿 더 전해지고 있다. 질병을 치유하거나 타인의 진심을 꿰뚫어보는 것은 흔했으며, 같은 시각에 다른 장소에서 동시에 나타나는 동시이처존재의 기적도 여러 번 일으켰다. 지금은 교회법이 바뀌어 시복시성에서 '부패하지 않은 유해'라는 조건이 빠졌지만, 사후 40년이 지났음에도 방부처리하지 않은 유해가 온전한 점 또한 기적으로 여겨진다.

그는 타인의 구원에 대한 열정을 가지고 있었고, 특히 연옥 영혼들에 대해서는 눈물이 날 정도의 큰 애착을 가지고 있었다 한다. 그는 교회가 대사의 일부를 없애버렸을 때 매우 놀라며 '아니, 교회가 대사를 없애면 그토록 불쌍한 연옥 영혼들을 어떻게 도와줄 것인가!'라며 개탄했다고 한다. 또한 그는 고통에 대한 크나큰 애착을 가지고 있었다고 한다. 이건 그 고통이 보속으로서 남들의 구원에 도움이 되어서였다. 그것을 가장 잘 보여주는 그의 말이 바로 다음과 같다.

주님, 불쌍한 연옥 영혼들을 당장 천국으로 끌어올려 주소서. 그들에게 필요한 보속을 제 고통으로 대신하겠습니다. 그들에게 필요한 보속의 100배에 해당하는 고통을 제게 짊어주소서!

또한 그가 맹장염으로 인해 수술을 받을 때 자처해서 무 마취 수술을 받았는데, 그 이유는 고통을 남의 구원을 위한 보속으로 쓰기 위해서였다. 그러나 수술을 받다가 중간쯤에 그만 고통을 참지 못하고 기절했는데, 나중에 일어나서는 '영혼들의 구원을 위한 좋은 보속을 제가 그만 놓치고 말았습니다. 하느님, 죄송합니다!'라고 하며 주저앉아 어린아이처럼 울었다고 한다.

덧붙여서 교회가 잠잘 때 입는 밤 수도복을 없앴을 때도 울었다고 한다. 수도복은 상당히 불편하기에 그것을 입는 것 자체만으로도 보속을 할 수 있는데, 그것 중 잠잘 때 입는 수도복을 없앴기 때문이다.

비오 성인이 생전에 세계 각국의 신자들로부터 받은 편지

이탈리아남부

새 성전 창에 그려진 현대판 프레스코화(?)

산 조반니 로톤도

산 조반니 로톤도 가는 길
아시시에서: 바리 Bari Central Train 역으로 가는 Flixbus를 타고 페스카라 Pascara를 경유하여 이태리 동해안을 따라 포자 Foggia 까지 가거나 페스카라에서 열차로 갈아타고 산 세베로 San Severo에서 지역버스 737R.03등으로 갈아타면 1시간 정도 후에 산 조반니 로똔도에 도착한다.
로마에서: 로마 테르미니 역에서 아침 8시에 FA 8303 Lecce행을 타면 Foggia까지 3시간 12분 만에 도착한다. Foggia Nodo Intermodale 역에서 지역버스 732.R10을 타면 약 1시간 만에 San Giovanni Rotondo에 도착.

이탈리아남부

5. 포지아

포지아(Foggia)는 이탈리아 남부 풀리아주에 있는 도시이다. 인구는 154,780명이다.(2004년 기준) 풀리아 주 서북부의 풍요로운 평야 지대에 위치한다. 이탈리아 남북을 연결하는 교통로에 위치하며, 주변 농업지대에서 생산되는 농산물의 집산지이다. 오래된 도시지만, 지진과 제2차 세계대전 당시의 폭격으로 큰 피해를 입었고, 이후 근대적인 도시로 재건되었다. 바로크 양식의 대성당이 남아 있으며, 산 조반니 로톤도 성지순례를 가는 관문(전진기지)이라고 할 수 있다. 성역까지는 1~2 시간마다 운행하는 버스가 있다. 택시로는 80유로정도.

산 조반니 로톤도

포지아는 페스카라, 바리 또는 나폴리 카세르타 경유 로마행 열차교통 요충지이다

포지아의 중심가에는 곳곳에 분수대가 많이 설치되어 있어서 도시의 환경을 깨끗이 하고 있다. 사진은 시청 앞에 설치된 분수광장

이탈리아남부

포지아 대성당
Basilica Cattedrale di Foggia

24 순례지

포지아는 오상의 비오 성인 성지에 가는 전진기지라고 할 수 있다.

포지아 대성당 외관과 축복받은 동정녀 마리아 승천제대

십자가의 제단과 대 제단

카프리 섬

나폴리 만 입구에 있는 카프리 섬은 바다와 어우러져 마치 엽서 같은 풍경을 연출하는 이탈리아의 대표적인 휴양지이다.

포지타노

이탈리아 남부의 아름다운 해안 절벽마을 포지타노의 전경

이탈리아남부

6. 아말피

아말피 해안은 이탈리아 남부의 해안으로 티레니아해와 살레르노 만을 접하고 있다. 소렌토반도의 남쪽과 칠렌토해안의 북에 위치해 있다.

매년 전 세계의 남녀노소 관광객들을 불러들이고 있는 아말피 해안은 1997년 유네스코 세계문화유산에 등재됐다. 아말피 해안의 지자체인 아트라니와 비에트리술마레 등은 이탈리아의 가장 아름다운 마을에 선정되어 있기도 하다. 아말피는 이탈리아 캄파니아 주에 있는 도시이자, 역사적으로 중요한 해양 공국이었던 "아말피 공국"의 수도였다. 또한, 아름다운 해안선을 자랑하는 "아말피 해안"으로도 유명하며, 아말피는 지리적 위치, 역사적 중요성, 그리고 아름다운 자연경관을 모두 아우르는 단어이다.

선착장에서 본 성 안드레아 대성당과 아말피 중심가 전경

다른 지역들처럼, 아말피 해안은 따뜻한 여름과 포근한 겨울 특징을 띠는 지중해성 기후에 있다. 소렌토반도의 상대적으로 가파른 지역에 위치해 있으며, 농업 개발을 위한 공간이 거의 남아 있지 않다. 아말피 해안으로 향하는 유일한 육상 경로는 40 킬로미터 길이의 아말피

도로 (Strada Statale 163)이며 동쪽으로 비에트리술마레에서 서쪽 포시타노로 이어지는 해안선을 따라 이어진다. 지방자치단체 13개가 아말피 해안에 위치했으며, 이들 중 다수가 관광업을 주업으로 하고 있다. 아말피 해안은 해안 전체를 따라 형성된 계단식 정원에서 기른 2월-10월 사이의 레몬 (sfusato amalfitano)으로 만든, 리몬첼로 생산지로 알려져 있다. 또 다른 대표적 리큐어는 콘체르토 (concerto, 술을 담글 때 여러 허브가 혼합되는 데서 명칭이 비롯)로, 매콤한 향이 나는 짙은 색의 로솔리오이며 트라몬티 지역에서 주로 생산된다. 아말피는 또한 밤바지나라고 하는 수제 종이의 제조소로 유명하며, 밤바지나는 이탈리아 전통 제지 기법의 상징으로, 과거에는 개인 서신, 법적 문서, 수입인지 등에 사용되었다. 그 외에 유명한 지역 생산품에는 체타라의 앤초비 (alici), 비에트리의 다채색의 수제 도자기 등이 있다. 대중교통은 버스와 페리선이 아말피 해안을 따라 운행하고 있으며, 포시타노에서 아말피까지 이어지는 유람선도 존재한다.

자연의 아름다움과 그림 같은 풍경 덕분에 아말피 해안은 세계 각국의 상류층이 찾는 인기 여행지 중 하나가 되었으며, '신들의 해안'(Divina costiera)이라는 별칭을 얻었다.

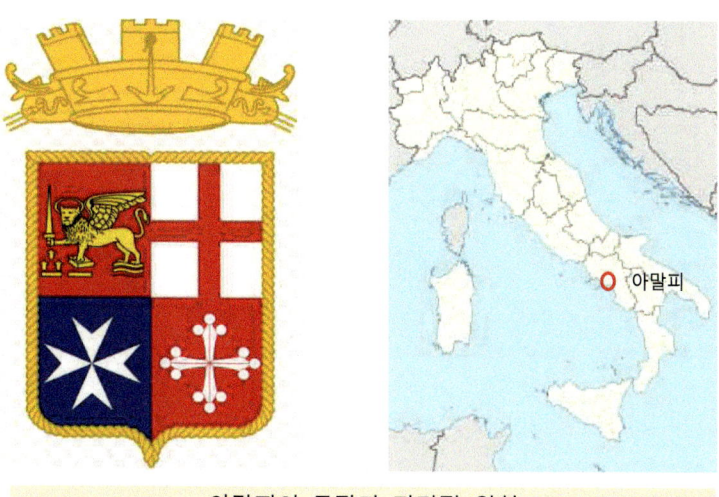

아말피의 문장과 지리적 위치

이탈리아남부

아말피 성 안드레아 대성당
Duomo di Sant'Andrea Apostolo   25 성지

아말피 대성당(Duomo di Amalfi, Cattedrale di Sant'Andrea)은 이탈리아 아말피 두오모 광장에 있는 중세 로마 가톨릭 성당이다.
9세기에 지어서 천년이 넘는 역사를 가진 이탈리아 아말피 마을의 이 성당은 1208년 십자가 전쟁 중에 콘스탄티노플에 있던 베드로 사도의 동생 성안드레아의 유해를 모셔 와서 중요한 순례지가 된 성당이다. 사도 안드레아는 아말피 마을의 수호성인이 되었고, 성당 이름도 성 안드레아 대성당이 되었으며, 이곳에 유물이 보관되어 있는 사도 성 안드레아에게 헌정되었다. 이전에는 아말피 교구의 대주교 소재지였으며, 1986년부터 아말피-카바 데 티레니 교구의 대주교 소재지가 되었다. 첫 번째 교회는 현재 아말피 교구 박물관으로, 9세기에

이전사원의 폐허 위에 지어졌다. 두 번째 교회는 10세기에 남쪽에 지어졌으며, 이것이 현재 대성당이다. 12세기에 두 교회는 6개의 통로가 있는 단일 로마네스크 양식 교회를 형성했으며, 13세기에 아랍-노르만 양식의 파라다이스 회랑을 건설할 수 있도록

5개로 줄었다. 성 안드레아의 유해는 1206년 제4차 십자군 전쟁 중에 카푸아의 베드로 추기경에 의해 콘스탄티노플에서 아말피로 옮겨졌다고 전해진다. 1208년에 지하 납골당이 완공되었고 유해는 교회에 이관되었다. 나중에 성인의 뼈에서 만나가 나왔다고 한다.

종탑은 12세기에서 13세기 사이에 첫 번째 교회 앞에 건설되었으며, 꼭대기에는 아랍-노르만 양식의 대리석과 마욜리카로 장식된 정교한 왕관이 얹혀 있었다. 이 양식은 당시 이탈리아 남부의 다른 교회에서도 볼 수 있었다. 내부 경당은 고딕 양식과 르네상스 양식이 혼합되어 있으며, 본당은 18세기에 바로크 양식으로 장식되었다.

1861년에 외관 일부가 무너져 아트리움이 손상되었다. 이후 건축가 에리코 알비노의 설계에 따라 교회 정면 전체가 이탈리아 고딕 양식, 특히 아랍-노르만 양식을 바탕으로 화려하게 재건축되었다. 1891년에 완공된 원래 성당과 유사하지만 더 화려했다. 9세기와 10세기에 시작된 이 건물은 아랍-노르만, 고딕, 르네상스, 바로크 요소를 덧씌우고 마지막으로 새로운 19세기 노르만-아랍-비잔틴 외관을 덧입히는 등 여러 차례 추가되고 재 장식되었다.

정면 파사드의 꼭대기에는 군중들에게 설교하는 예수그리스도와 그 아래에는 열두 사도들의 입상이 있다.

이탈리아남부

외부

성당의 익랑 아치

1897년과 1899년 사이 정면은 19세기 후반에 줄무늬 대리석과 돌로 재건되었으며, 모자이크로 장식된 높은 박공과 섬세한 아랍-무어 양식의 창문이 있는 깊은 현관이 있는데, 이는 원래의 것과 유사하지만 더 화려하다. 팀파눔의 모자이크는 Domenico Morelli가 만든 작품인 "그리스도의 승리"를 묘사하고 있으며, 원본은 시청에 보관되어 있다. 62개의 넓고 가파른 계단이 문으로 이어진다. 1066년 이전에 콘스탄티노플에서 주조되고 시리아의 시메온이 서명한 대성당의 청동문은 로마 시대 이후 제작된 이탈리아에서 가장 초기의 문이다. 1180년에 시작되어 100년 이상 후에 완공된 로마네스크 양식의 종탑은 더 큰 종탑을 둘러싼 4개의 작은 종탑이 모여 있으며, 모두 아랍-노르만 양식의 엇갈린 고딕 아치를 형성하는 밝은 색상의 마졸리카 타일로 장식되어 있다. 이것은 남부 이탈리아에서만 발견되는 중세 종탑 유형의 가장 화려한 예이다. 전쟁 중에는 종탑이 방어용으로 사용되었다. 정원에는 기둥, 아치, 조각상이 있다.

아말피/소렌토

대성당 인접한 곳에 9세기 십자가상 대성당이 있다. 그의 유물을 볼 수 있도록 성 안드레아의 지하실로 이어지는 계단이 있다.

내부

13세기 목조 십자가가 예배 공간에 걸려 있다. 진주조개로 만든 또 다른 십자가는 성지에서 가져온 것으로, 뒷문 오른쪽에 있다. 중앙 본당의 높은 제대는 카푸아의 베드로의 석관으로 만들어졌다. 제대 위에는 안드레아 델라스타가 그린 성 안드레아의 순교 그림이 있다. 박스형 천장은 1702년에 제작되었으며, 그 그림에는 채찍질, 사도의 십자가 처형, 그리고 델라스타가 1710년에 그린 만나의 기적이 포함되어 있다. 개선문은 두 개의 이집트 화강암 기둥으로 지탱된다. 12세기 강대상의 일부였던 두 개의 꼬인 기둥과 두 개의 설교단이 추가로 있다.

대성전 내부 제대와 바닥의 모자이크무늬

1890년 경에 성당을 개축할 당시에 발견된 1200년 경에 그려진 벽화

아말피/소렌토

입구에서 본 대성당 중앙 본당과 천장의 아치에 있는 프레스코화

아말피 대성당 내부 아치의 조각과 채색

이탈리아남부

아말피 거리

아말피/소렌토

이탈리아남부

아말피 선착장
Amalfi Port

26 관광지

아말피 해안에서 본 선착장(위)과 아말피 대성당에서 본 선착장(아래)

아말피/소렌토

7. 소렌토

소렌토 (라틴어: Surrentum)는 이탈리아 남부의 나폴리 만을 내려다보는 도시 이자 코무네이다. 인기 있는 관광지인 소렌토는 소렌토 반도의 치르쿰베 수비아나 철도망의 주요 지선의 남쪽 종착지에 위치하며 나폴리와 폼페이에서 쉽게 접근할 수 있다. 이 도시는 작은 도자기, 레이스 세공 및 상감 (목공) 상점으로 널리 알려져 있다.

소렌토 반도에서는 나폴리, 베수비오 산, 카프리 섬의 전망을 감상할 수 있다. 소렌토와 아말피를 연결하는 아말피 드라이브는 티레니아 해의 높은 절벽을 따라 이어지는 좁은 도로이다.

페리와 수상비행선은 이 도시와 나폴리, 아말피, 포지타노, 카프리, 이스키아를 연결해준다. 레몬 껍질, 알코올, 물, 설탕으로 만든 디제스티프인 리몬첼로는 소렌토 에서 감귤류, 와인, 견과류, 올리브와 함께 생산된다.

소렌토의 문장과 지리적 위치

소렌토의 로마 이름은 수렌툼(Surrentum)이었다. 기원전 8세기부터 이 지역에는 토착 마을 공동체가 존재했는데, 이곳은 에트루리아인들의 교통 요충지였다. 이후 이 지역은 오스키족(Osci)의 손에 넘어갔고, 그들은 그곳에서 중요한 영향력을 행사했다. 실제로 수렌툼에서 가장 오래된 유적은 기원전 600년경으로 거슬러 올라가는 오스키족 유적이다. 로마 공화국의 지배를 받기 전, 수렌툼은 누케리아의 지배를 받는 도시 중 하나였으며, 사회 전쟁 까지 누케리아와 같은 운명을 함께 했다. 기원전 90년 스타비아이와 마찬가지로 반란에 가담한 것으로 보이며, 이듬해에는 식민지를 받고 복종하게 된 것으로 보인다.

소렌토와 나폴리 만 전경

수렌툼에서는 제국의 노예와 해방 노예들의 수많은 무덤 비문이 발견되었다. 한 비문에 따르면, 티투스는 서기 79년 지진 이듬해에 이 도시의 시계와 건축 장식을 복원했다. 같은 해에 나폴리의 알려지지 않은 건물도 복원되었다는 기록이 마지막으로 언급된 도시의 비문에 남아 있다. 수렌툼에서 가장 중요한 신전은 아테나 신전과 사이렌 신전 이었다. 사이렌 신전은 이 곳에 이름을 붙였다. 고대 수렌툼은 와인(현재 그곳에서 널리 재배되는 오렌지와 레몬은 고대 이탈리아에는 아직 도입되지 않았다), 생선, 그리고 붉은 캄파니아 꽃병으로 유명했다. 이곳에서 마실리아, 갈리아, 발레아레스 제도의 동전이 발견된 것은 이 지역의 광범위한 무역 중심지였음을 시사하고 있다.

소렌토 산탄토니노(성 안토니오) 성당
Basilica di Sant'Antonino

27 성지

소렌토 성 안토니오 성당은 로마네스크 양식의 외관과 대리석 기둥 및 프레스코화로 장식된 웅장한 신도석이 있는 성당으로 수백 년의 역사를 자랑한다. 소렌토의 수호성인 성 안토니누스에게 헌정된 산탄토니노 성당은 소렌토의 중요한 랜드마크 이다.

산탄토니노 성당의 제단과 대리석 기둥

이 아름다운 성당은 매혹적인 로마네스크 건축 양식으로 유명하며, 정교한 조각으로 장식된 아름다운 정면과 하늘을 향해 솟은 종탑이 특징이다. 성당 안으로 들어서면 고요한 분위기가 마음을 감싸며 사색과 성찰을 유도한다. 내부 또한 아름다운 프레스코화, 웅장한 제단, 그리고 이 지역의 풍부한 역사와 영적 유산을 보여주는 다양한 종교 유물들로 가득 차 있어 더욱 인상적이다. 성당의 지하 공간은 소렌토의 옛 모습을 탐험할 수 있는 흥미로운 공간을 제공하며, 활기 넘치는 산탄토니노 광장에 위치한 이 성당은 매력적인 카페와 상점들로 둘러싸여 있어, 소렌토의 활기 넘치는 거리를 탐험한 후 여유로운 산책, 휴식을 취하기에 이상적인 장소이다.

이 성당은 예배 장소일 뿐만 아니라 문화의 중심지이기도 하다. 지역 전통을 기념하는 다양한 행사와 축제가 연중 내내 자주 열린다. 이 성지를 방문하면 소렌토의 영적인 삶의 중심을 엿볼 수 있는 특별한 경험을 할 수 있어, 도시의 풍부한 문화적 다양성을 경험하고자 하는 사람들에게 꼭 방문해야 할 곳이다. 건축, 역사, 또는 영성 중 어떤 것에 매료되든, 산탄토니노 성당은 잊지 못할 경험을 선사할 것이다.

성 안토니누스는 6세기, 이탈리아 롬바르드족의 침략을 피해 소렌토에 도착했다. 전설에 따르면, 어느 날 소렌토 해변 근처에서 고래 한 마리가 한 소년을 삼켰다. 성 안토니누스는 기적적으로 소년을 고래로부터 구해냈고, 이 사건과 다른 여러 기적들을 통해 그는 난파선 선원들의 수호성인으로 추대되었다. 이 기적을 기리기 위해 교회 입구에는 고래 뼈 세트가 전시되어 있다.

성 안토니노 교회는 성 안토니노의 유골을 안치하기 위해 7세기에 지어진 기도실이 있던 자리에 11세기에 건축되었다. 회색 응회암 외관은 18세기 로마네스크 건축 양식을 잘 보여준다. 교회 내부에는 고대 그리스와 로마 건물에서 가져온 12개의 코린트 양식 기둥으로 나뉜 세 개의 본당이 있다. 전해지는 바에 따르면, 성 안토니누스는 도시 안팎에 묻히기를 원치 않았기에 성벽 사이에 안치되었다고 한다. 지하 납골당에는 실물 크기의 성상이 안치되어 있다. 한쪽 벽에는 바다를 항해하는 배들의 그림이, 다른 쪽 벽에는 성 안토니누스의 은총으로 구원받은 신자들이 남긴 은으로 만든 부적이 전시되어 있다.

성당천장의 프레스코화(위)와 성당 앞에서 본 베수비오 화산과 소렌토 항구(아래)

이탈리아남부

소렌토 산탄토니노 대성당의 주 제단과 제단병풍
더 이상 화려할 수 없을 정도로 감탄을 자아내게 된다.

성 필립보와 야고보 대성당
Cattedrale dei Santi Filippo e Giacomo

28 성지

성 필립보와 성 야고보의 소렌토 대성당의 정면

소렌토 대성당은 성모 승천 대축일과 사도 필립보와 야고보에게 봉헌되었으며, 1113년에 봉헌되었고 1450년에서 1573년 사이에 여러 차례 대대적인 보수 공사를 거쳤다. 원래 바로크 양식이었던 이 대성당의 정면은 1924년에 신고딕 양식으로 재설계되었다. 이 교회는 제우스에게 봉헌되었던 것으로 여겨지는 고대 그리스 신전의 잔해 위에 세워졌다.

대성당에는 세 개의 입구가 있는데, 중앙의 16세기 정문은 고대 대리석 기둥들이 뾰족한 아치를 지탱하고 있다. 입구 위에는 반원형 창문이 있는데, 가운데 큰 반원형 창문에는 성모 마리아가, 작은 반원형 창문에는 필립과 제임스가 묘사되어 있다. 정면의 윗부분은 흙벽과 블라인드 장미창으로 장식되어 있다.

대성당 내부는 라틴십자가 형태로 설계되었으며, 세 개의 신도석은 14개의 기둥으로 구분되어 있다. 평평한 천장에는 2세기 순교자들의 캔버스 그림이 장식되어 있다. 1902년 피에트로 바로네와 아우구스토 모리아니가 프레스코화로 그린 돔은 대성당의 예술적 아름다움을 더한다. 제단 오른쪽에는 시인 토르콰토 타소가 세례를 받은 경당이 있다. 교회에서 약 60미터 떨어진 종탑은 11세기 로마네스크 양식의 기단을 갖추고 있다. 아치, 벽감, 처마 장식, 세라믹 타일, 시계가 있는 네 개의 정사각형 부분으로 구성되어 있어 대성당의 역사적, 건축적 중요성을 더한다.

소렌토 대성당은 오늘날 소렌토 묘지가 있는 곳에서 내부로 옮겨진 10~12세기부터 해안 도시의 역사적인 중심지에 위치해 왔다. 성 펠리체와 성 바콜로에게 헌정된 교회의 성벽은 처음에는 나폴리의 주교인 산 세베로에게, 나중에는 소렌토의 주교인 산 레나토에게 헌정되었다.

소렌토 대성당은 훨씬 상류, 고대 베네딕토회 수도원 산 레나토

근처에 위치했으며, 이후 10세기에 두 개의 그리스-로마식 데쿠마니 (decumani) 사이 도시 성벽 중심부로 이전되었다. 1113년 3월 16일 리카르도 데 알바노 추기경은 현재의 대성당을 축성하여 주기도문에 등장하는 성모 승천의 성모 마리아와 사도 필립보와 소야고보에게 봉헌했다. 이후 대성당은 도미치오 팔랑골라 대주교(1450)와 프란체스코 레몰리네스 추기경(1505)에 의해 여러 차례 확장되었다.

1558년 터키의 침략 이후, 몬시뇰 줄리오 파베시에 의해 완전히 재건되었고, 1700년 대주교 디다코 페트라와 필리포 아나스타시오에 의해 오늘날 감상할 수 있는 바로크 양식으로 최종적으로 변형되었다. 오래된 외관 중에서 14세기에 만들어진 입구만 남아 있으며, 분홍색 대리석 기둥 두 개로 장식되어 있고, 대주교 렐리오 브란카치오의 문장이 받침대에 새겨진 고대 이교도 사원의 잔해이다.

새로운 입구는 소렌토 교회 역사의 에피소드를 표현하는 패널로 완전히 상감되어 있는데, 서기 43년 경 성 베드로가 소렌토에 도착한 것부터 첫 번째 주교인 성 레나토(425년)까지, 1110년에 추기경 피에트로 카푸아노가 기증한 사도 필립과 야고보의 유물이 도착한 것까지, 그리고 1849년 비오 9세가 소렌토에 도착한 것까지 다양하다.

1901년에 주세페 주스티니아니 대주교가 건설한 정문 위에 있는 웅장한 오르간에는 피오렌티노 형제(1901)가 조각한 주목할 만한 것들이 있다.

중앙 천장은 전부 캔버스에 그려져 있으며, 2세기 소렌토 최초의 순교자들과 교구의 공동 수호성인들을 표현하고 있다. 주목할 만한 것은 로마 사원의 일부와 16세기의 다른 부분을 화려하게 조합한 대리석 주교 의자와 같은 시기에 만들어진 앞쪽에 있는 설교단이다. 설교단에는 예수의 세례를 묘사한 옅은 부조가 풍부하게 새겨져 있으며, 그 아래의 작은 제단에는 귀중한 패널이 있다.

사제관 천장에 있는 승천화와 성 필립보와 성 야고보의 그림은 1700년으로 거슬러 올라가 자코모 델 포의 작품이며, 사제관 뒤쪽에는 조각과 상감 장식이 풍부한 목조 성가대가 있는데, 소렌토 장인들이 1936년에 제작한 것이다. 뒤쪽의 큰 제단화는 1600년의 알려지지 않은 예술가가 만든 것으로 성 필립보와 성 야고보를 묘사하고 있다. 합창대 위의 돔에는 교구를 8개 구역으로 나누어 각 구역의 수호성인이 피에트로 바로네와 아우구스토 모리아니(1902)에 의해 프레스코화로 그려져 있다.

오른쪽에서 입구를 향하는 첫 번째 경당의 배경에는 대리석 옅은 부조가 많이 있고, 중앙에는 시인 트로콰토 타소가 1544년에 세례를 받은 세례반이 있다. 네 번째 경당은 소렌토 최초의 네 명의 거룩한 주교에게 헌정되었으며, 대리석 제단 아래 격자를 통해 그들의 유해를 볼 수 있다. 예수 성심에 헌정된 다섯 번째 경당을 지나면 1479년 자코모 데 산티스 대주교가 의뢰하여 만든 측문이 나온다. 대주교의 문장은 교황 식스토 4세와 아라곤의 페란테 왕의 문장과 함께 대리석 아키트레이브에 새겨져 있다. 새 문의 상감 패널에는 한쪽에는 "신조", 다른 한쪽에는 1992년 3월 19일 교황 요한 바오로 2세의 소렌토 방문과 같은 도시의 종교적 삶에서 중요한 사건들이 묘사되어 있다. 오른쪽 익랑에는 성 미카엘 경당이 있으며, 오른쪽 벽에는 시에나 학파에서 제작한 15세기 금박 패널이 예수의 탄생을 묘사하고 있다. 우아한 성체 경당에서는 15세기에 제작된 대형 십자가상(Christ on the Cross)이 예술적인 왕좌에 앉아 있는 모습을 감상할 수 있다. 이

교황 요한 바오로2세의 입상

역시 17세기 목조로 조각되고 채색되었다. 왼쪽 본당 끝에는 작은 아치가 폰티부스의 성 요한 경당으로 이어지며, 현재는 화해 경당으로 사용되고 있다. 내부는 17세기 치장 벽토로 화려하게 장식되어 있으며, 작은 그라치에 성모상이 그려져 있고, 1700년대에 제작된 슬픔의 성모상은 생생하게 표현되어 있다. 또한, 18세기 나폴리 마욜리카 바닥도 눈여겨볼 만하다.

익랑 왼쪽에 있는 경당은 6세기 베네딕토회 수도사이자 이 도시와 교구의 수호성인인 성 안토니누스 수도원장에게 헌정되었으며, 1700년에 제작된 목조상이 있다. 1645년 안토니오 델 페초 몬시뇰이 기증한 상감 다색 대리석으로 화려하게 장식된 제대는 매우 흥미롭다. 또한 교구의 수호자인 성모 성심 경당도 주목할 만하다. 이 경당에는 치타렐리(Citarelli)가 제작한 목조상이 있는데, 성모 마리아가 소렌토를 상징하는 어린 소녀를 어머니의 망토 아래 안고 있는 모습을 묘사하고 있다.

이탈리아남부

아말피/소렌토

소렌토 항

소렌토에서 본 베수비오 산(위)과 소렌토식당가(아래)

이탈리아남부

8. 나폴리

나폴리는 캄파니아의 지역 로마와 밀라노에 이어 이탈리아에서 세 번째로 큰 도시이다. 2025년 기준 도시의 행정 구역 내 인구는 908,082명이며, 지방 자치 단체는 2,958,410명의 주민이 거주하는 이탈리아에서 세 번째로 인구가 많은 광역 도시이다. 그리고 유럽 연합에서 여덟 번째로 인구가 많다. 광역권은 NATO의 연합 합동군 사령부 나폴리와 지중해 의회의 본거지이기 때문에 국제 외교에서도 중요한 역할을 한다.

나폴리의 문장과 지리적 위치

나폴리는 제2차 세계 대전 후반에는 연합군이 반도를 침공하면서 폭격으로 심각한 피해를 입었다. 나폴리의 4일(이탈리아어: Quattro giornate di Napoli)은 제2차 세계 대전 중 연합군이 10월 1일 나폴리에 도착하기 직전인 1943년 9월 27일부터 9월 30일까지 이탈리아 나폴리에서 나치 독일 점령군에 대항하여 일어난 봉기이며, 전쟁 후 나폴리는 대대적인 재건 공사를 거쳤다. 20세기 후반부터 나폴리는 센트로 디레치오날레(Centro Direzionale) 비즈니스 지구 건설과 로마와 살레르노를 잇는 알타 벨로시타 (Alta Velocità) 고속철도, 확장된 지하철망을 포함한 선진 교통망의 도움으로 상당한 경제 성장을 이루었다. 밀라노와 로마에 이어 이탈리아에서 GDP 기준 세 번째로 큰 도시 경제이다. 특히 나폴리 항구는 유럽에서 가장 중요한 항구 중 하나이다.

플레비시토 광장

나폴리의 유서 깊은 도심은 유네스코 세계문화유산으로 지정되었다. 카세르타 궁전, 폼페이와 헤르쿨라네움의 로마 유적지 등 문화적, 역사적으로 중요한 유적지가 인근에 많이 있다. 나폴리는 의심할 여지없이 세계에서 가장 풍부한 문화, 예술, 그리고 기념비적 자원을 보유한 도시 중 하나이며, BBC는 이를 "감당하기에는 너무 많은 역사를 가진 이탈리아 도시"라고 묘사했다.

나폴리에는 트램, 버스, 트롤리버스를 포함한 광범위한 대중교통망이 있으며 대부분은 시립 회사인 Azienda Napoletana Mobilità(ANM)에서 운영한다. 일부 교외 서비스는 AIR Campania 에서 운영한다. 나폴리는 또한 지상철도 노선과 도시 내 지하철역을 통합하는 지하철 시스템인 나폴리 지하철을 운영하고 있다. 지하철역 중 상당수는 장식적인 건축 양식과 공공 예술로 유명하다. 실제로 비아 톨레도 역은 세계에서 가장 아름다운 지하철역 순위에서 종종 상위권을 차지한다.

이탈리아남부

나폴리 대성당
Duomo di Santa Maria Assunta

29 성지

 산타 마리아 아순타 성당에 봉헌된 나폴리 대성당은 이 도시의 정신적 심장을 상징한다. 단순한 예배 장소를 넘어, 나폴리라는 도시를 형성해 온 종교적, 예술적, 역사적 전통의 생생한 증거이다.
나폴리 대성당을 더욱 특별한 장소로 만드는 것은 산 제나로에 대한 존경과 그의 피가 액화되는 기적이다. 이 기적은 보호의 상징이자, 도시를 위한 산 제나로의 중보를 보여주는 가시적인 신호로 여겨진다.

    대성당은 젊은이들을 기념비적 교회의 복원 및 관리에 참여시켜 종교 유산을 증진한다는 목표로 시작된 MUDD 프로젝트, 즉 나폴리 교구 확산 박물관(Museo Diocesano Diffuso di Napoli)의 출발점이다.

산타 레스티투타 대성당

    산타 레스티투타 성당은 그 놀라운 규모로 방문객들을 놀라게 한다. 다섯 개의 본당은 바깥쪽 본당이 측면 경당으로 개조되었으며, 콘스탄티누스가 세운 전통에 따라 나폴리 최초의 성당의 기념비적인 배치를 반영하고 있다. 그 기둥과 모자이크 바닥의 잔해는 오늘날까지도 감상할 수 있다.

    앙주 대성당을 건축하기 위해 길이와 정면의 3분의 1을 제거했는데, 지나온 역사적 시대를 회상하는 양식과 요소를 통합했으며, 17세기 말에 아르칸젤로 구글리엘멜리가 이를 조화시켰다.

    교회의 보석 중 하나는 산타 마리아 델 프린시피오 경당으로, 14세기 초에 렐로 다 오르비에토가 만든 산 제나로와 산타 레스티투타 사이의 성모 마리아와 아기 예수를 묘사한 모자이크가 있다.

이탈리아남부

폰테의 산 조반니 세례당

산 조반니 인 폰테 세례당은 4세기 후반에서 5세기 초 사이에 세베루스 주교에 의해 건립되었다. 세례당의 아름다움은 돔형 지붕과 탬부르(대리석)로 연결된 독특한 정사각형 평면에서 비롯되는데, 이는 로마와 동방 건축의 요소가 결합된 형태이다.

세례당은 이탈리아 남부의 초기 기독교 모자이크 예술의 걸작으로, 나폴리 교회의 중요성뿐만 아니라 이 시기에도 이 도시에서 여전히 번성했던 예술 문화를 증명한다.

모자이크는 성경 속 장면과 무성한 자연의 우화를 통해 부활절 밤에 이곳에서 베풀어진 세례의 영적인 은총을 표현한다. 부활, 가나의 혼인 잔치, 우물가의 사마리아 여인, 그리고 전통 입법(Traditio Legis)과 같은 현존하는 장면들은 교부들의 가르침을 생생하게 반영하며, 예비 신자들이 입문 과정에서 배운 신앙의 신비를 보여준다.

바닥 중앙에는 코치오페스토(cocciopesto) 세례반이 있다. 이곳은 신자들이 세례를 통해 정화되고 새로운 삶으로 거듭나는 신성한 장소이다. 세례는 기독교 신앙의 첫 번째 성사이며, 물에 잠기는 상징적인 행위는 세례 받은 사람이 기독교 공동체에 입문하는 것을 의미한다.

서양에서 가장 오래된 것 중 하나

카나의 혼인잔치, 부활, 기적의 물고기 모금 등의 일화를 통해
영적 재생을 표현한 귀중한 모자이크이다. 그러나 현재는 많이 훼손되었다.

성모 승천 대성당

성모 승천 대성당(나폴리 대성당)은 그리스-로마 양식의 나폴리 초석 중 하나에 세워졌다. 13세기 초기 중세 시대의 성스러운 건물들과 19세기의 주랑(porticoes)을 통합하여 이탈리아에서 가장 웅장한 고딕 양식의 교회 중 하나로 자리매김했다.

이탈리아 남부

나폴리 대성당은 1272년 앙주의 샤를 1세에 의해 건립되어 1313년 앙주의 로베르 치하에서 완공되었다. 1314년 움베르토 도르몽 대주교에 의해 성모 승천 대축일 성모님께 봉헌되었다.

바로크 양식의 후진은 주 제단을 내려다보는 장식 장치가 특징이며, 여기에는 피에트로 브라치의 성모 승천(1739)이 묘사되어 있다.
내부는 라틴 십자형으로, 세 개의 본당과 측면 경당이 있다. 고딕 건축의 장엄함이 여실히 드러나는 이 공간은 17세기 천장의 금박 장식과 기둥에 기대어 있는 고대 기둥들과 어우러져 더욱 신성하고 웅장한 분위기를 자아낸다.

대성당에는 페루지노의 제단화, 미누톨로 경당, 일루스트리시미 경당 등 수많은 예술 작품이 소장되어 있으며, 이 모든 작품은 완벽하게 프레스코화로 그려져 있으며 원래 고딕 건축 양식이 특징이다.

왼쪽 익랑의 벽에는 오르간 문, 교황 인노첸시오 4세와 12세의 무덤, 다른 주교와 추기경의 무덤 기념물이 있다.
14세기 주교좌, 르네상스 시대의 설교단, 그리고 방대한 성화 컬렉션 등이 그 예이다. 묘비 중에는 도메니코 폰타나가 복원한 앙주 왕조의 샤를 1세와 샤를 마르텔 등 앙주 왕조의 통치자들의 묘비가 특히 주목할 만하다.

가장 저명한 자의 경당

오르몬트 주교가 성 바울에게 헌정한 이 성당에는 렐로 다 오르비에토에서 그린 것으로 추정되는 예세의 나무를 묘사한 14세기 그림과 다양한 시대의 대리석 조각, 발두치의 프레스코화가 보관되어 있다.

아름다움의 현기증/ 그냥 위를 올려다보면 17세기 금박으로 장식된 격자형 천장과 후진의 프레스코화와 장식이 돋보이는 아치형 천장

예새의 나무는 기독교 미술에서 자주 등장하는 모티프로, 다윗 왕의 아버지 예새로부터 시작되는 그리스도의 가계도를 나타낸다.
인니코 카라치올로 추기경(1667-1685)에 의해 이 경당은 사도선교성의 본부가 되었고, 이 성직회의 명예를 기리기 위해 "가장 뛰어난" 경당이 되었다. 이 경당은 익랑 오른쪽에 위치한 미누톨로 경당과 사실상 쌍둥이 경당으로 여겨진다.

이곳에는 14세기 아비뇽 학파의 작품으로 여겨지는 수난 이야기가 그려진 대리석 아키트레이브와 비슷한 수준의 예술가들이 그린 다른 작품들도 보존되어 있는데, 특히 발두치가 그린 프레스코화로 장식된 화려한 제단의 작가는 거의 알려지지 않았고, 산토로의 방문도 보존되어 있다.

예세의 나무/이 프레스코 화는 다윗왕의 아버지 예세로부터 시작하여 그리스도의 가계를 표현하고 있다.

미누톨로 경당

미누톨로 경당은 성 베드로와 성 아나스타시아에게 헌정되었다. 고딕 양식의 원래 건축 양식과 13세기 후반에서 14세기 초반의 바닥을 그대로 보존하고 있다.

몬타노 다레초의 벽화를 포함한 중세 프레스코화로 장식된 이곳에는 미누톨로 가문의 묘비들이 보관되어 있는데, 안토니오 바보치오가 만든 엔리코 미누톨로 대주교의 묘비와 필리포 미누톨로의 묘비가 있다. 바로 이 경당이 보카치오의 '데카메론'에 나오는 이야기 중 하나의 배경이 되는데, 가난한 안드레우치오 다 페루자가 대주교의 무덤에 묻힌 보물을 훔치는 사건에 연루되고 강도를 당하는 내용이다.

엔리코 미누톨로 대주교의 무덤/이 인상적인 기념비적 무덤은 앞쪽 벽에 위치하고 있으며, 나선형 기둥, 반부조, 옅은 부조로 장식되어있다.

산 제나로 옛 보물 경당

이곳은 산 제나로에 대한 대중의 헌신을 상징하는 곳이며, 나폴리의 예술적 웅장함을 대표하는 장소이다. 바로크 양식의 경당은 1527년 전염병으로부터 도시를 구해준 성인에게 감사하는 마음으로 1608년에서 1637년 사이에 지어졌다.

로마 고전주의에서 영감을 받은 이 건축물에는 도메니키노, 란프란코, 후세페 데 리베라 등의 예술가가 만든 청동 및 은 조각품과 그림 컬렉션이 소장되어 있다. 재무부 경당은 미켈란젤로 나케리노, 지안 도메니코 비나차 등의 예술가들에 의해 장식되어 있어, 이곳을 절대적인 아름다움의 보물 창고로 만들었다. 신 보물 경당에는 유물함, 흉상, 은제품과 청동제품, 그리고 줄리아노 피넬리가 만든 산 제나로 동상 등이 보관되어 있다. 새로운 보물 경당의 절대적인 주인공은 산 제나로의 유물이다. 실제로 이곳에는 유물 상자 흉상과 기적의 피가 담긴 앰플이 보관되어 있다.

기념비적 성구실

왼쪽 익랑을 통해 성구실로 들어가게 되는데, 원래는 앙주 왕조의 통치자들의 무덤을 보관하기 위해 만들어졌다. 이 경당을 동생 루이에게 헌정한 사람은 앙주의 로베르였다. 루이는 왕위에 대한 모든 권리를 포기하고 수도 생활을 시작하여 산 로렌초 마조레의 프란치스코회 수사가 되었고, 이후 툴루즈의 주교가 되었다.

금고에는 산 제나로가 나폴리를 방어하는 모습을 묘사한 산톨로 치릴로의 그림이 프레스코화로 그려져 있고, 다락방에는 14세기 장식의 흔적이 보존되어 있다.

벽에는 나폴리 주교들의 시간 축이 그려져 있고, 제단에는 추기경 알폰소 제수알도가 조반니 발두치에게 의뢰하여 성모 마리아가 성 젠나로와 성 아녤로 사이에 있는 모습을 묘사한 캐비닛 문이 있다.

이탈리아남부

조반니 발두치의 문/ 제단위의 캐비닛 문에는 성 제나로와 성 아넬로 사이에 있는 성모마리아가 묘사되어 있다.

나폴리의 주교들/기념비적 성구실의 벽에는 모든 나폴리 주교들의 초상화가 걸려있다.

나폴리 대성당 지하무덤 경당 천장의 조각과 바닥모자이크

나폴리피자거리의 풍경

이탈리아남부

산 세베로 경당 박물관
Museo Cappella Sansevero

30 순례지

산 세베로 경당에서의 볼거리는 "베일을 쓴 그리스도" 대리석 조각 작품이다. 바로크 창의성, 아름다움, 그리고 신비, 그만큼 역사적인 마음의 나폴리에 있는 산 세베로 경당(Cappella Sansevero, 산세베로 데 상그리 경당 또는 피에타텔라 경당으로도 알려짐)은 이탈리아 나폴리 역사지구의 산 도메니코 마조레 성당 북서쪽, 프란체스코 데 산크티스 19번가에 위치한 경당이다. 이 경당은 산타 마리아 델라 피에타 경당(Chapel of Santa Maria della Pietà)으로 더 정확히 불린다. 18세기 이탈리아를 대표하는 예술가들의 로코코 예술 작품들이 소장되어 있다. 특히 우리 주 예수 그리스도의 죽음을 상징하는 실물 크기의 대리석 조각상이며, 조각상과 같은 블록으로 조각한 투명한 수의로 덮여 있다. 가장 숙련된 관찰자도 경외감을 느낄 만큼 예술적으로 만들어졌다.

나폴리

베일을 쓴 그리스도 대리석 조각 머리 부분

연금술사이자 대담한 실험가였던 라이몬도 디 산그로는 그에 대한 다양한 전설을 낳았다. 그중 하나는 산마르티노의 그리스도의 수의와 관련이 있다. 실제로 250년이 넘는 세월 동안, 여행자, 관광객, 심지어 일부 학자들조차도 수의의 투명성에 의아 해하며 산세 베로 왕자가 행한 연금술적 "대리석화" 과정의 결과라고 오해해 왔다. 사실, 베일을 쓴 그리스도는 조각상 제작 당시의 꼼꼼한 연구와 문서에서 알 수 있듯이 단 하나의 돌 블록에서 대리석으로 완전히 깎아 만들어졌다. 이러한 것들 중 나폴리 은행의 역사기록 보관소에 보존된 문서가 있는데, 라이몬도 디 산그로가 서명한 주세페 산마르티노에게 50두캇의 선금을 지불했음을 알려준다(조각상의 전체 비용은 무려 500두캇에 달한다). 1752년 12월 16일자 문서에서 작가는 다음과 같이 명시적으로 썼다. "당신은 대리석 베일로 여전히 덮여 있는 우리 죽은 주님의 조각상을 보는 대가로 위대한 주세페 산마르티노에게 앞서 언급한 50두캇을 지불해야 합니다 ...".

베일을 쓴 그리스도

이탈리아남부

또한 물리학자 장 앙투안 놀레와 아카데미아 델라 크루스카 회원인 조반니 지랄디에게 보낸 편지에서 공자는 투명한 수의를 "조각상과 같은 블록으로 만들었다" 고 설명하고 있다. 18세기 디 상그로의 주요 전기 작가인 지안지우세페 오리글리아는 그리스도가 "같은 대리석으로 된 투명한 베일로 완전히 덮여 있다"고 구체적으로 밝혔다. 베일을 쓴 그리스도는 바로크 예술의 진주이며, 이는 전적으로 산마르티노의 영감 어린 끌 과 디 산그로가 그에게 품은 신뢰 덕분이다. 이 작품이 연금술사의 속임수 없이 단 하나의 대리석 블록으로 만들어졌다는 사실은 이 조각상에 더 큰 매력을 부여한다. 그러나 베일의 전설은 쉽게 사라지지 않는다. 산세베로 왕자를 둘러싼 신비로운 분위기와 수의의 "액체" 투명성은 계속해서 전설에 활력을 불어넣는다. 디 산그로의 목표는 이 작품과 다른 작품에서도 경이로움을 불러일으키는 것이었다. 대리석 베일이 실제로는 만질 수 없고 "가장 안목 있는 관찰자조차 완전히 매료시킬 정도로 정교하게 만들어졌다" 는 것을 알아차린 사람이 바로 그 자신이라는 것은 우연이 아니다.

※ 반드시 사전예약을 하여야 관람이 가능하다.

나폴리

산 세베로 경당 박물관 정 중앙의 베일을 쓴 그리스도 대리석 조각과 벽면의 작품

이탈리아남부

산타 마리아 라 노바 기념관
Santa Maria la Nova

31 관광지

　산타 마리아 라 노바 기념관은 역사, 예술, 그리고 종교적 헌신의 진정한 보물 창고이다. 1279년 5월 10일, 나폴리의 고대 앙주 항구가 내려다보이는 언덕에 세워진 이 프란치스코회 수도원은 도시 역사 지구 중심부에 자리 잡고 있었다. 수세기에 걸쳐 다양한 감성과 예술적 양식을 반영하며 수많은 변화를 겪었다. 수도원의 벽에는 예술적 계층화의 흔적이 남아 있어 풍요롭고 다채로운 과거를 증언한다. 르네상스 조각부터 바로크 프레스코화, 화려하게 장식된 경당부터 모든 공간을 수놓는 예술 작품까지, 이 복합 단지의 구석구석은 많은 이야기를 담고 있다. 다양한 스타일과 감성이 조화를 이루는 산 마리아 라 노바는 특별한 흥미와 희귀한 아름다움을 선사하는 곳이다. 역사적 요소와 예술적 요소가 융합된 이러한 공간은 영성과 문화가 만나는 독특한 분위기를 자아낸다. 　오늘날 산 마리아 라 노바는 역사적, 예술적 가치가 큰 기념비적인 장소일 뿐만 아니라, 다양한 종류의 행사를 위한 명망 있는 장소이기도 하다. 최대 300석 규모의 기념비적 교회와 케이터링에 사용되는 산 자코모 수도원을 포함한 모듈식 공간은 무한한 맞춤형 옵션을 제공한다. 이 복합 단지는 비즈니스, 문화, 아름다움이 어우러진 행사를 기획하기에 이상적이며, 비교할 수 없는 역사적 배경 속에서 잊지 못할 경험을 선사한다. 과거 프란치스코회 수녀원이었던 이곳은 앙주의 샤를 1세의 명령으로 건립되었다. 1994년부터 보수 공사를 거쳐 현재는 새로운 변화를 겪고 있으며, 방문객을 위한 환대의 기준을 재정립하고 1997년 이후 방치되었던 수녀원 공간을 새롭게 활용하고 있다. 산타마리아 라 노바 교회는 슈바벤 시대에 지어진 산타 마리아 아드 팔라티움 교회와 구별하기 위해 라 노바라고 불린다. 산타 마리아 아드 팔라티움 교회는 나중에 마스키오 안조이노가 지어진 자리에 세워졌으며, 1216년 이래로 성 프란치스코가 세운 것으로 여겨지는 소규모 수도사들의 수녀원이 있었다.

나폴리

프란치스코수도원 내부천장을 장식하고 있는 프레스코화

앙주의 샤를 1세는 카스텔 누오보를 건설하고자 1279년 5월 10일, 이 단지를 철거하고 수도사들에게 현재 교회가 서 있고, 항구를 지키던 고대 마에스트라 탑이 있던 자리를 양도했다. 수도원은 이 고대 건축물 위에 지어졌으며, 세리글리오 거리를 따라 거의 벽으로 둘러싸인 듯한 외관은 원래의 배치를 보여준다. 종탑은 아마도 탑이 있었던 자리에 세워졌고, 토러스 프리즈가 점재하는 파사드는 몇 개의 매우 높은 창문으로만 장식되어 있으며, 파도바의 성 안토니오의 간소한 조각상으로 장식되어 있다. 앙주의 샤를 산타 마리아 라 노바는 고딕 양식으로 지어졌지만, 건축가는 알려지지 않고 있다.

성당내부의 장식과 벽면 인테리어

원래 형태의 건물은 3세기가 조금 넘었다. 앙주 교회가 철거된 원인 중에는 1456년과 1538년, 1561년, 1569년, 1588년의 지진이 있었지만, 1587년 12월 13일 벼락에 맞아 폭발한 카스텔 산텔모 화약고가 심하게 손상되면서 더욱 그랬다. 1596년 교회의 개축은 부분적으로 아뇰로 프랑코의 공로로 여겨지지만, 신자들의 아낌없는 기부 덕분이기도 했다. 그 후 1596년 8월 17일에는 선천적으로 불구가 된 가난한 사람의 기적적인 치유가 있었는데, 이는 은총의 성모의 공로로 여기고 있다. 기념비 단지에는 두 개의 회랑이 있는데, 그 중 작은 회랑에는 교회의 몇몇 무덤 기념물이 보관되어 있으며, 마르케의 성 야고보의 삶에서 나온 일화들이 프레스코화로 그려져 있는데, 이는 전통적으로 시모네 파파의 공로로 여겨진다. 작은 회랑 옆에서 들어가면 화려하게 장식된 성구 보관소와 브라만티노의 프레스코화인 '갈보리로의 오르막'이 있는 옛 식당이 보인다.

기념비적인 교회

산타마리아 라 노바 교회의 현재 외관은 16세기 나폴리 건축의 훌륭한 본보기이다. 아랫부분에 노출된 피페르노 석재는 견고하고 엄숙한 분위기를 자아낸다. 대리석 난간이 있는 계단을 따라 정문으로 들어가면, 정문 양옆으로 두 개의 화강암 기둥이 성지를 받치고 있다. 이곳에는 17세기 초 무명 조각가의 작품인 성모 마리아상이 신비로움과 영성의 기운으로 방문객들을 맞이한다.

내부의 조각과 금박을 입힌 목조 격자 천장은 17세기 초 벨리사리오 코렌치오, 루이지 로드리게스, 체사레 스멧, 조반 베르나르디노 아촐리노 등의 예술가들이 제작한 "성모 마리아의 생애 이야기", 성인, 예언자, 덕행, 그리고 구약성서 속 인물들로 장식된 걸작이다. 중앙 패널에서는 프란체스코 쿠리아의 "성모 마리아 이름의 영광", 지롤라모 임파라토의 "성모 승천", 그리고 파브리치오 산타페데의 "성모 마리아의 대관식"을 감상할 수 있으며, 이 작품들은 당시의 헌신과 예술을 칭송한다.

본당의 큰 창문 사이와 맞은편 파사드에는 벨리사리오 코렌지오가 신앙과 구원의 이야기를 담은 프레스코화 "신조", "은총의 성모", "저주받은 자의 형벌"을 그렸다. 익랑(連廊)의 경당 아치 위 반원형 채광창에는 니콜라 말린코니코의 "덕"이 생동감과 상징성으로 찬란하게 빛나고 있다. 익랑 위쪽에는 말린코니코의 "목자들의 경배"와 "동방박사들의 경배"가 있는데, 1703년으로 추정되며 건축의 웅장함에 크리스마스의 경이로움을 더해진다. 1633년 코시모 판자고가 설계한 대

기념관 내의 대 성전 제단전경

제단은 교회의 또 다른 중심축이다. 아고스티노 보르게티가 만든 성 안토니오와 성 프란치스코의 조각상이 있는 이 제단은 예술과 신앙의 승리이다. 중앙에는 옛 교회에서 유래한, 무명의 장인이 구리판에 조각한 "성모 마리아와 아기 예수"가 고요함을 발산한다. 제단 양쪽에는 라파엘레 미텐스가 제작한 횃불을 든 두 명의 케루빔과 1580년 무명의 나폴리 거장이 조각한 다플리토 가문의 무덤이 역사와 아름다움을 더해준다.

마지막으로, 목조 성가대석의 벽과 천장은 벨리사리오 코렌치오가 그린 프레스코화로 장식되어 있는데, 이 벽화에는 "성모 마리아 이야기"와 예언자들의 이야기가 담겨 있다. 1603년에서 1621년 사이에 제작된 이 작품들은 방문객들을 신앙과 예술의 시각적 이야기 속으로 끌어들여, 매번 방문을 특별한 영적, 문화적 경험으로 만들어 준다.

16개의 경당

웅장한 산타마리아 라 노바 성당 내부의 경당들은 예술과 신앙의 경이로움을 선사한다. 각 경당은 신성한 이야기를 담고 영성을 기리는 프레스코화, 조각상, 그림으로 이루어진 독특한 예술 작품이다. 성당 곳곳은 역사와 아름다움으로 가득 차 있어, 잊지 못할 경험을 선사한다.

아시시의 성 프란치스코 경당

이 경당은 피론테 가문의 소유였을 것으로 추정된다. 제대 위 페레 로이그 데 코렐라(15세기 중반 활동)의 거장, 알렉산드리아의 성녀 캐서린과 성녀 루시아 사이의 성 프란치스코가 있으며, 벽에는 프란체스코 안토니오 알토벨로(1637-1695), 성 프란치스코에게 나타난 삼위일체와 방문이 있다. 성 프란치스코의 삶에 대한 이야기, 그리고 작은 제대에는 대리석 부조 수태고지가 있다.

아시시의 성 프란치스코 경당(좌)과 작은 제단
대천사 성 미카엘과 아기 예수를 안은 성모 마리아.

이탈리아남부

마르케스의 성 야고보 수녀원

16세기 후반에 조반니 콜라 디 프랑코가 설계한 산 자코모 델라 마르카 회랑은 르네상스 건축의 훌륭한 본보기이다. 직사각형 모양의 이 회랑은 이오니아식 주두를 갖춘 단일 기둥, 둥근 아치, 그리고 프레스코화로 장식된 십자가형 천장을 갖추고 있다. 시모네 파파가 1627년에서 1628년 사이에 그린 것으로 추정되는 프레스코화는 산 자코모 델라 마르카의 삶을 묘사하고 있다. 회랑에는 대리석 우물과 무덤 유적도 있다.

산타 마리아 라 노바 기념 교회의 중정 아치와 복도천장의 프레스코화

누오보 성
Castel Nuovo

32 관광지

나폴리, 아라곤, 스페인의 중세 왕들의 거주지인 누오보 성

앙주의 로베르의 통치 기간 동안, 성은 지오토, 페트라르카, 보카치오를 포함한 예술가, 의사, 작가를 접대하는 문화 중심지였다. 앙주 왕조의 뒤를 이은 아라곤 왕조의 알폰소 1세는 전임자들의 바람에 따라 카스텔 누오보에 왕궁을 세우고 재건축 공사를 시작했으며, 나폴리에 승리하여 입성한 것을 기념하기 위해 토레 디 메조와 토레 디 과르디아 사이에 웅장한 개선문을 세웠다. 아라곤 왕조의 통치 하에서 중세 성곽 궁전은 전쟁의 새로운 요구에 맞게 현대의 요새로 발전했고, 성 주변 지역은 앙주 왕조 시대에 있었던 주거적 성격을 잃었다. 아라곤 건물의 구조는 의심할 여지없이 앙주 건물의 구조보다 더 거대하며 20세기 초의 보수 공사로 인한 현재의 구조를 매우 충실하게 반영하고 있다. 이 기념물은 다섯 개의 원통형 탑(그중 네 개는

215

피페르노 석재, 하나는 응회암으로 만들어짐)으로 이루어진 응회암 커튼월로 이루어진 사다리꼴 평면을 가지고 있으며, 순찰로가 있는 기단 위에 세워져 있다. 앙주 양식을 본뜬 안뜰에는 낮은 아치가 있는 현관과 마요르카 건축가 굴리엘모 사그레라가 설계한 외부 피페르노 계단 등 카탈루냐풍 요소가 반영되어 있다. 이 계단은 남작의 홀로 이어지며, 안뜰의 이 구석은 스페인식 파티오의 특징을 보여준다.

산 마르티노 국립박물관에서 내려다 본 누오보 성과 나폴리 항

15세기 말에 프랑스가 아라곤을 점령했다. 이 존재는 오래 가지 못했는데, 프랑스가 차례로 스페인과 오스트리아 부왕으로 대체되었기 때문이다. 부왕 시대(1503-1734) 동안 주로 군사 목적으로 사용되

었던 성의 방어 구조물이 더욱 개조되었다. 1734년에 황제 샤를 6세를 물리친 부르봉 왕가의 샤를 3세가 도착하면서 성은 여러 차례 모든 종류의 공장, 창고 및 주택으로 둘러싸여 있었다. 20세기의 처음 20년 동안 지방 자치 단체는 성을 주변 건물에서 분리하는 작업을 시작했다. 현재, 기념비적 단지는 문화적 목적으로 사용되고 있으며, 무엇보다도 시빅 박물관의 본거지 이다. 박물관의 관람 일정은 무기고 홀, 팔라티노 경당 또는 산타바바라 경당, 남쪽 커튼월의 1층과 2층, 그리고 전시와 문화 행사를 개최하는 찰스 5세 홀과 로지아 홀까지 이어진다.

나폴리 시내

나폴리 중앙역

나폴리 지하철의 중심인 가리발디 지하상가 입구

나폴리 만의 중요한 교통수단인 페리(절벽마을이라 육로교통이 불편하다)

나폴리 피자. 피자는 나폴리에서 발명되었다고 한다.

나폴리의 인기 페이스트리 요리인 스폴리아텔레(Sfogliatelle)

이탈리아중부

9. 로마

　로마는 이탈리아의 수도이자 최대 도시로, 행정구역 면적은 1,285.31 km2이고, 대도시의 인구는 400만이 넘지만 밀라노나 나폴리 대도시에 비해 면적이 3~4배 넓은 편이고 되려 로마시의 면적과 밀라노와 나폴리의 대도시의 면적이 비슷하므로 세 도시 모두 300만 정도로 비슷한 규모의 도시라 볼 수 있다. 건국 신화에 따르면 건국 원년은 기원전 753년으로 2,500여년의 역사를 가진 것으로 얘기되지만, 인류는 3000여 년 전에 이 지역에 정착하여 유럽에서 가장 오래된 도시를 형성한 것으로 알려져 있다. 한때는 서양 문명을 대표하는 도시로서 로마 제국의 수도였고, 로마 가톨릭교회의 중심지였으며, 그 역사 덕분에 유럽 문명사회에서는 로마를 가리켜 '세계의 머리(Caput mundi)', '영원한 도시(la Città Eterna)'라고 부른다. 서로마 제국 멸망 이후로 로마 시는 서서히 교황의 정치적 영향을 받게 되었다. 서기 8세기부터 1870년까지 로마는 교황령의 수도가 되었다. 이탈리아의 통일 이후 1871년에 이탈리아 왕국의 수도가 되었고, 2차 세계 대전 이후 지금까지 이탈리아의 수도로 자리 잡고 있다. 이탈리아에서 가장 큰 도시이다.

기원전 753년 고대 그리스의 영웅인 아이네아스의 선조이자 전쟁의 신 마르스의 쌍둥이 아들로 태어난 로물루스와 레무스 형제가 테베레 강가 동쪽에 위치한 로마의 일곱 언덕 가운데 하나인 팔라티노 언덕 위에 건설했다(로물루스와 레무스는 테베레 강가에 버려져 늑대 젖을 먹고 자랐다는 전설이 있다)

로물루스와 레무스에게 젖을 먹이는 카피톨리나 늑대상

피우미치노 공항에서 테르미니역으로 이동

한국에서 로마 직항은 로마의 서쪽에 있는 피우미치노 공항 터미널 3에 도착한다. 여기에서 일단 로마시내 테르미니 역으로 이동 하는 데는 4가지 방법이 있다.

1. 레오나르도 익스프레스 (공항철도): 오전 6시20분부터 오후 11시20분까지 운행하며 소요시간은 30분이다. 요금이 14유로로 가장 비싼 편이나 쾌적하고 안전한 이동이 가능하다.
2. 공항버스 탑승: 가격이 가장 저렴한 교통수단이며, 심야시간에도 이동이 가능하다. 소요시간은 50분 정도로 요금은 6유로로 공항 3터미널 앞 12~15번 정류장에서 타면 된다.
3. 택시이용: 목적지까지 바로 갈 수 있는 장점이 있으나, 사설택시는 약간 불안할 수 있으므로 흰색의 공인택시를 이용하는 것이 좋다. 요금은 약 50유로 정도, 시간도 40~50분 정도 소요되므로 그렇게 빠른 편은 아니다.
4. 픽업/샌딩: 여럿이 함께 이동하는 경우에는 밴 등으로 함께 이동 가능한 교통수단이다. 캐리어도 넉넉하게 실을 수 있어서 여유로운 여행이 될 수 있다. 1~2명의 여행객이라면 버스나 공항철도를 이용하는 편이 좋다.

로마 시내뿐만 아니라 이태리의 다른 도시를 함께 여행할 목적이면 숙소를 테르미니 부근에 잡는 것 보다 띠브르띠나(Tiburtina)역 부근에 정하기를 권한다. 떼르미니 역에서 6분 간격으로 있는 지하철로 20분만 더 가면 되는데 이탈리아 전국으로 갈 수 있는 철도나 버스 교통의 요지이기 때문이다.

로마테르미니역과 로마의 지리적 위치

이탈리아중부

Vatican City
10. 바티칸시국

바티칸 시국(이탈리아어: Stato della Città del Vaticano, 영어: Vatican City State, 문화어: 바띠까노 도시 국가), 약칭 바티칸은 이탈리아의 로마 시내에 위치한 위요지(圍繞地: 벽으로 둘러싸인 영토) 도시국가이다. 바티칸 시는 바티칸 언덕과 언덕 북쪽의 바티칸 평원을 포함하며, 총 면적은 0.44km2(서울 보라매공원 크기)에 인구는 880명 (2024)에 불과한 극소 국가로서 면적으로 보나 인구로 보나 전 세계의 주권 국가 중 가장 작다.

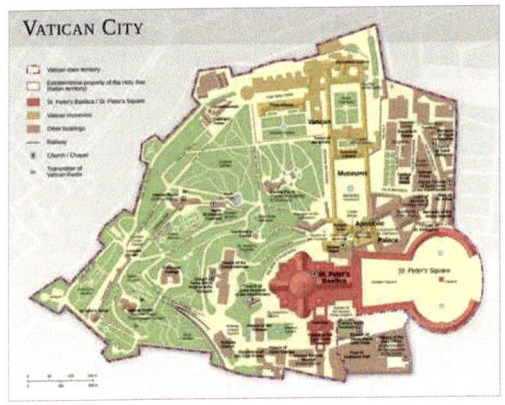

바티칸시국의 지도와 국장
(출처=위키피디아)

이전에 로마를 중심으로 이탈리아반도 중부를 넓게 차지한 교황령 (756-1870)이 있었으나, 19세기 이탈리아 왕국에 강제 합병되었고, 10년 후인 1870년에는 로마와 더불어 나머지 다른 지역도 모두 이탈리아에 합병되어 소멸했었다. 바티칸 시국은 이 교황령의 회복을 목표로 한 1929년 2월 11일 라테라노 조약의 체결로 독립을 성취하여 오늘에 이른다. 교황이 통치하는 일종의 신권 국가로, 전 세계 로마 가톨릭교회의 총본산이다. 바티칸 시국의 공무원들은 대부분 성직자나 수도자이다. 국제 관계에서는 성좌(Sancta Sedes)로 호칭된다.

바티칸 시국의 치안관리

바티칸 시국 국가헌병대(이탈리아어: Corpo della Gendarmeria dello Stato della Città del Vaticano)는 바티칸 시국의 국가헌병대 혹은 경찰 겸 경호 부대이다. 헌병대는 보안 문제를 책임지고 공공질서, 국경 통제, 교통 통제, 범죄 수사 그리고 기타 바티칸 시국에서의 일상적인 경찰 임무를 맡고 있다. 교황이 다른 나라를 방문할 때는 헌병대에서 소수의 경관만이 임명되어 교황의 바로 곁에서 호위한다. 국가헌병대는 130명으로 편성되어 있으며, 바티칸 시국 행정처의 안전 기관인 민방위 위원회 소속이다. 바티칸 시의 안전은 바티칸 시국이 아닌 성좌의 군사 부대인 스위스 근위대에 의해 제공된다. 교황청 스위스 근위대(영어: Pontifical Swiss Guard, Papal Swiss Guard) 혹은 줄여서 스위스 근위대(Swiss Guard)는 성좌의 행정기관인 교황청에 소속된 준군사조직으로, 현재까지 바티칸 시국이 보유하고 있고, 이들의 임무는 바로 사도궁의 치안을 포함해서 교황의 안전을 책임지는 것이다. 스위스 근위대의 공식 제복은 전형적인 르네상스 풍으로 파란색, 빨간색, 주황색, 노란색으로 구성되어 있다. 현행 제복은 1914년 근위대장 율레스 레폰트(1910-1921)에 의해 만들어졌다. 교황을 호송하는 남자들이 입은 의상은 실제로는 통이 큰 옷자락을 강조하는, 그 당시 이탈리아 르네상스 시대에는 가장 보편적인 의상이었다고 한다.

교황청 스위스 근위대의 군기

스위스 근위대의 제복

산타 마리아 마조레 대성전
Basilica Papale di Santa Maria Maggiore

33 성지

　산타 마리아 마조레, 성모 마리아 대성당 또는 성모 마리아 대성전으로도 알려져 있으며, 4대 교황 대성당 중 하나이자 로마의 7대 순례 교회 중 하나이다. 로마에서 가장 큰 마리아 교회인 이곳은 서구 세계 최초의 마리아 성소 이자 모든 성소의 어머니로 여겨진다. 예수님이 태어나셨을 때 뉘어진 말구유의 조각을 보관하고 있다.

　산타 마리아 마조레 성당은 로마의 15번째 행정 구역인 피아자 델 에스퀼리노에 있다. 1929년 교황청과 이탈리아 간의 라테란 조약에 따라 이 성당은 바티칸 시국이 아닌 이탈리아에 소속되어 있으나 교황청은 성당을 완전히 소유하고 있으며 이탈리아는 법적으로 성당의 완전한 소유권을 인정하고 "외국 외교 사절의 본부에 국제법이 부여한 면책권"을 부여해야하기 때문에 이 건물 단지는 대사관과 다소 유사한 지위를 갖는다.

　대성당에는 로마인들의 건강과 보호자로 축복 받은 성모 마리아를 묘사한 Salus Populi Romani 의 숭배되는 이미지가 모셔져 있으며, 이는 1838년 교황 그레고리 16세 에 의해 정식 대관식을 받았다.

"로마의 눈(SNOW)" 이란 이름의 기적

　대성당은 때때로 눈의 성모로 불리며, 이 이름은 1568년부터 1969년까지 로마 미사 경본에서 8월 5일 봉헌 기념일 전례 축일과 관련하여 붙여졌으며, 당시 이 축일은 Dedicatio Sanctae Mariae ad Nives (눈의 성모 마리아 봉헌)로 명명되었다. 이 대성당의 이름은 14세기에 유명해졌는데, 이는 " 352 년경 리베리우스 교황 재위 기간에 상속자가 없던 로마 귀족 요한과 그의 아내가 자신들의 소유물을 성모 마리아에게 기부하겠다고 서원했다"는 전설과 관련이 있다 . 부부는 성모 마리아에게 자신들의 재산을 성모 마리아를 기리기 위해 어떻게 처리해야 할지 알려달라고 기도했다. 8월 5일, 로마의 여름이 한창일 때 에스퀼리노 언덕 꼭대기에 밤에 눈이 내렸다. 부부는 같은 날 밤 성모 마리아의 환상을 보고 그 눈으로 덮인 바로 그 자리에 마리아를 기리는 성당을 세웠다고 한다.

대성당 내부. 본당을 따라 높은 제단을 향해 내려다보는 풍경

　성당의 공간은 한 쪽에 20개씩 양쪽에 40개의 기둥들에 의해 3랑식 수조를 가지고 있다. 중앙 제대를 감싸고 있는 발다키노는 1700년대

건축가인 푸가Fuga가 웅장하게 만들었다. 중앙제단 아래로 비밀스레 자리한 계단은 고백의 제단이라고 부르는데 여기에는 비오9세 교황께서 무릎을 꿇고 기도하는 모습의 조각상이 있다.

정면에서 본 성당 중앙과 고백의 제단에서 기도하시는 비오9세 교황

바로 이곳에는 예수님께서 태어나신 구유가 보존되어 있기 때문인데 베들레헴에 있던 이 구유는 7세기부터 이곳 성당으로 옮겨져 보존되고 있다고 한다. 후진부에 있는 모자이크들은 13세기에 제작되었는데 작품의 주제는 성모 마리아께서 예수그리스도에 의해 천상 모후의 관을 쓰시는 모습을 표현하고 있다. 예수님과 성모님께서는 천상을 상징하는 원 안에 들어가 계시고 그 원을 천사들이 들고 있다. 예수님의 왼편으로는 세례자 요한, 사도요한, 파도바의 안토니오가 자리하고 있고, 안토니오의 앞쪽으로는 이 성당의 명예 추기경이었던 콜로나 추기경이 아주 작게 표현되어 있다. 예수님의 오른쪽으로는 베드로와 바오로, 아씨시의 성 프란체스코가 자리하고 있고, 베드로의 앞쪽으로 니콜로 4세 교황이 아주 작게 표현되어 있다. 원 아래쪽으로는 사도들이 성모님의 장례식을 거행하는 모습이 표현되어 있는데 성

모님께서는 사실, 돌아가신 것이 아니라 잠시 잠들어계셨던 것이고 성모님의 영혼을 예수님께서 안고계신 모습으로 표현되어 있다.

주 제단 천장 돔, 예수님과 성모 마리아, 그리고 12사도와 천사들

아름답게 장식된 함 속에 보관된 구유편

마리아께서 천상모후의관을 쓰시는모습

그 양쪽으로는 가브리엘 천사가 마리아께 잉태를 알리는 장면과 아기예수님께서 구유에서 태어나시는 장면, 동방박사들의 경배장면, 예수님을 성전에 봉헌하는 장면 등이 새겨져 있다. 이 성당에는 아름답고 중요한 2개의 경당이 있는데 식스토 5세 교황께서 만드신 시스티나 경당과 바오로5세 교황님에 의해 만들어진 빠올리나 경당이 있다.

경당의 바깥쪽에서 볼 수 있는 시스티나 경당의 한 비문에는 식스토 5세가 주 예수 그리스도의 거룩한 구유에 대한 신심으로 이 경당을 만들었다는 기록이 새겨져 있으며, 경당을 만든 교황의 이름을 따서 시스티나 경당이라고 부르지만 공식적인 명칭은 "거룩한 성체경당"이다. 그래서 이 경당의 가운데에는 네 천사가 받쳐주는 아름다운 감실이 자리하고 있다.

네 천사에 의해 받들어진 시스티나 경당의 아름다운 감실과 발다키노(우)

바오로 5세 교황에 의해 만들어진 빠올리나 경당은 로마의 유력가문 출신인 이분이 교황이 되기 전부터 성모마리아 대성당에 큰 신심을 가지고 있었기 때문에 교황이 되자마자 성당을 꾸미는데 많은 관심과 노력을 기울였다. 성당 바깥쪽에서 볼 수 있는 비문에는 "비천한 종인 교황 바오로5세가 하느님의 어머니 거룩한 성모 마리아께 이 경당을 봉헌한다"라고 기록되어 있다. 로마귀족 요한의 꿈에 성모님께서 나타나셔서 "하얗게 눈 내린 자리에 내 이름으로 성전을 봉헌하라"는 말씀을 주셨고, 요한이 교황님과 함께 말씀하신 장소에 왔을 때 실제로 눈이 내려있었고, 그래서 그 자리에 성당을 세웠다고 한다.

성모마리아 대성전 돔의 내부 모습

이탈리아중부

프란치스코 교황님의 영원한 안식처

2025년 4월21일 선종한 266대 프란치스코 교황님께서 관례대로 성 베드로 대성전에 묻히지 않고 이 산타 마리아 마조레 대성당에 묻히신 사연을 간략하게 소개하면 아래와 같다.

프란치스코 교황은 선출 다음 날, 추기경 시절 자주 찾던 로마의 4대 대성당 중 하나인 이 성모 마리아 대성전을 방문하셨다. 교황님의 이 방문은 평소 교황님의 성모 신심과 교황직 수행의 영적 토대를 여실히 보여주는 증거라고 할 수 있다. 또, 벨기에의 한 학회에서 만난 교리교사 부부가 "예수임을 충분히 알고 있어서 성모님은 필요 없다"라고 말했을 때, 교황님은 "가엾은 고아들!"이라고 탄식하셨다고 한다. 교황님의 자서전<희망> 95쪽에서

프란치스코 교황님의 무덤

"저는 제 삶을 통해 직접 체험했습니다. 성모님의 어머니다운 눈길이 어둠을 밝히고 희망을 다시 피워 올릴 수 있다는 것을 말입니다. 그 눈길은 우리에게 신뢰를 심어 주고 한없는 자애를 전해줍니다. 성모님은 결코 신앙생활의 장식품이 아닙니다. 성모 신심은 단순한 영적 예절이 아니라, 그리스도인 삶의 필수 요소입니다"

교황은 재임기간 동안 100번 넘게 이 성모 대성전을 방문하여 '로마 백성의 구원자'라 불리는 성모상 앞에서 기도하였다고 한다. 그의 항구한 기도는 '마리아 없이는 복음이 삶으로 녹아들지 않고 왜곡되어 하나의 이념이나 영성적 이성주의로 전락할 수 있다'는 어머니께 대한 사랑을 몸소 실천하고 보여주는 것이라고 할 수 있다. 자서전에서는 또,

바티칸/로마

"지금도 저는 그곳을 자주 찾습니다. 특히 교황으로서 사도 순방을 떠나가 전과 돌아온 후에도 꼭 들러, 어머니이신 성모님께서 저를 이끌어 주시고, 해야 할 일을 알려 주시며, 제 모든 행보를 보살펴 주시기를 청합니다. 저는 성모님과 함께 할 때, 참 평화를 느낍니다."

프란치스코 교황님에게 성모님은 '어머니이시며, 참 평화를 주시고, 자애의 눈길로 바라보시는 분'이셨다. 그는 어린 시절, 자신에게 신앙의 기쁨을 알려준 할머니와 가족, 그리고 매우 친절했던 포촐리 신부님에게서 성모님에 대한 사랑과 의탁하는 마음을 배웠다고 한다. 그의 이러한 사랑은 로마교구의 334개의 성당과 개인 건물 안에 있는 성당까지 합한 약 900개의 성당 중에서 이 '성모 대성전'을 자시의 영원한 안식처로 선택하는 동기가 되었다. 또, 교황의 자서전 〈희망〉 343쪽에는
"바티칸은 제가 마지막으로 봉사하는 집일 뿐, 영원한 안식처는 아니니까 제가 늘 의지하고 교황 재임 중 백 번도 넘게 은총의 품에 안겼던 평화의 모후 곁에 잠들 것입니다" 라고 기록하고 있다. 한평생 수도자로, 사제로, 추기경으로, 교황으로 살아오면서 수많은 어려움과 시련을 겪으셨을 것이다. 그러나 내면에 어려움이 닥칠 때마다, 당신 마음의 안식처인 성모님 품에서 끊임없이 위로와 용기도 얻으셨을 것이다. 한평생 누군가를 사랑하고 그 곁에 묻힐 수 있다는 것은 행복이다. 폐렴으로 힘들어하시는 프란치스코 교황님의 마지막 모습을 뵐 때면 걱정과 아쉬운 마음이 밀려 왔지만, 평화의 어머니 곁에 잠드신 교황님께서는 마지막까지 행복한 분이실 것이다. 가난했으나 숭고했고, 불행해 보였으나 행복했던 분! 우리 어머니이시고 참 평화를 주시며, 우리를 자애의 눈길로 바라보시는 성모님 품에서 편안하길 모든 순례자들은 교황님의 무덤 앞에서 기도를 드리고 있다.

Basilica Papale di
Santa Maria Maggiore

산 파올로 푸오리 레 무라 대성전
Basilica Papale di San Paolo Fuori le Mura
34 성지

성벽 바깥 성 바오로 교황 대성당

산 파올로 푸오리 레 무라 대성전(이탈리아어: Basilica di San Paolo fuori le mura) 또는 성 밖 성 바오로 교황 대성당은 로마의 4대 성전 가운데 하나이다. 나머지 대성전으로는 산 조반니(요한) 인 라테라노 대성전(이탈리아어: Basilica di San Giovanni in Laterano), 산타 마리아 마조레 대성전(이탈리아어: Basilica di Santa Maria Maggiore), 성 베드로 대성전(이탈리아어: Basilica di San Pietro in Vaticano)이 있다.

산 파올로 푸오리 레 무라 대성전(성 밖 성 바오로 대성전)

로마에서 순교하신 성 바오로 사도의 무덤위에 세워진 이 성당은 로마의 성벽인 아우렐리아스 성벽 밖에 세워져 있기 때문에 성벽 밖의 성 바오로 대성전이라고 불린다. 성당 앞의 중정에는 바오로 사도의 석상이 세워져 있는데 그 기단에는 "진리의 선포자, 이방인들의 박사"라는 호칭이 적혀져 있다. 대성전을 포함하여 4면이 모두 웅장한 화강암 기둥으로 둘러싸여 있는 이 중정의 4 모퉁이에는 원래 4복음사가의 석상이 놓여 있었다고 하는데 1823년 대 화재사건 이후로 오늘날에는 루카복음 사가의 석상만 남아있다. 우연일지는 모르지만 루카 복음사가는 바오로 사도의 전교여행을 동행했던 분이고 루카 복음서와 함께 사도행전을 쓴 분으로 알려져 있다. 성당의 정면 부는 아름다운 모자이크로 만들어져 있는데 제일 꼭대기에 있는 십자가를 기준으로 아래쪽에는 예수 그리스도와 교회의 두 기둥이자 로마의 주 보성인인 베드로와 바오로가 자리하고 있고, 그 아래층으로는 하느님의 어린 양이 자리하고 있고, 여기에 사도들을 상징하는 12마리의 양이 모여들고 있다. 그 아래 창문 사이사이에는 구약의 4대 예언자인 이사야, 예레미야, 에제키엘, 다니엘이 자리하고 있다.

성당정면부의 모자이크 성화

대성당의 중앙 문에는 십자가의 세로축에는 사도들의 이름이, 가로축에는 복음사가들의 이름이 적혀있고(사진) 십자가의 왼쪽에는 베드로의 생애, 오른쪽에는 바오로의 생애가 새겨져 있다. 이 중앙 문을 기준으로 양쪽에는 베드로 사도와 바오로 사도의 석상이 자리하고 있

이탈리아중부

는데 중앙 문 오른쪽에는 바오로 사도가 긴 검과 두루마리를 펼치고 있는 모습이 표현되어 있다(사진). 또, 이 석상의 오른편에는 희년에만 열리는 희년의 문인 성(聖)문이 있다.

대성당의 중앙문과 성당내의 긴 검과 두루마리를 펼치는 바오로사도의 석상

386년 황제 테오도시우스 1세 치세에 중랑(中廊)과 더불어 네 개의 측랑(側廊)과 익랑(翼廊)이 추가되면서 대성전을 좀 더 크고 아름다운 대성전이 지어졌다. 모자이크 작업 등은 성 레오 1세 교황의 재위 때까지 끝마치지 못했다. 5세기까지 산 파올로 푸오리 레 무라 대성전은 옛 성 베드로 대성전보다 규모가 더 컸다. 기독교 시인 프루덴티우스는 황제 호노리우스의 치세에 보았던 몇몇 기념물들의 화려함과 표현이 풍부한 선들에 대해 설명하였다. 산 파올로 푸오리 레 무라 대성전은 5세기 오스티아의 순교자들이었던 성 타우리노와 성 헤르쿨라노에게도 봉헌되었으며, '세 분 주님 대성전'이라는 뜻의 '트리움 도미노룸 대성전(basilica trium Dominorum)'이라고 불렸다. 성 그레고리오 1세 교황(590-604) 치세에 대성전은 다시 광범위하게

수정되었다. 성 바오로의 무덤 위를 일직선으로 덮은 제대를 한층 높여 치장하였다. 무덤 위에 세워진 제대로 말미암아, 성 바오로의 무덤에 접근하는 것이 허용되었다. 그 기간에 대성전 근처에 성 아리스토 수도원과 성 스테파노 수녀원 등 수도원 두 곳이 생겼다. 교황 성 심플리치오는 로마의 명의본당에 사제들을 임명하여 대성전들에서 일주일간씩 교대로 근무하도록 하였다. 그러는 동안에 산 파올로 푸오리 레 무라 대성전의 사제와 수도원들이 이를 거부하였다. 교황 성 그레고리오 2세는 이러한 대성전 측의 주장을 받아들여 예전에 대성전을 관리하던 수사들을 복직시켰다.

산 파올로 푸오리 레 무라 수도원의 회랑.

아우렐리아누스 성벽 밖에 있는 대성전은 9세기 사라센의 침략으로 손상되었다. 이에 교황 요한 8세는 대성전과 수도원, 소작농들의 거주지에 요새를 쌓아 요아니스폴리스(이탈리아어로는 조반니폴리)라는 이름의 마을을 구성하였다. 이 요새는 1384년 지진으로 완전히 무너지기 전까지 존재하였다.

후진 부 쪽을 보면 뾰족한 탑 모양의 시보리움이라는 구조물이 있다. 그 아래에는 교황님만 미사를 드릴 수 있는 교황제대가 봉헌되어 있고, 그 제재 아래쪽으로 바오로 사도의 무덤으로 가는 길이 있다.

아르놀포 디 캄비오가 만든 시보리움.

여기에서 뒤를 돌아보면 바오로 대성당의 중앙부가 있는데 중랑과 측랑의 기둥 위쪽으로는 역대 교황들의 초상화 모자이크가 있고, 바오로 사도의 생애를 표현한 36편의 프레스코 벽화가 있다. 역대 교황의 모자이크 중에는 최근에 선종한 266대 프란치스코 교황의 모자이크도 있다.

중랑과 측랑기둥 위쪽에 새겨진 역대교황들의 초상 모자이크

시보리움(발다키노) 아래에는 바오로가 묶였던 쇠사슬과 무덤이 있다.

이탈리아중부

희년의 문과 교황청 공식 문장
이 성당은 바티칸의 밖에 있으나 교황청의 직접 관할이다. 그래서 성벽 밖에 있는 교황 대성당이라고 불리고 있다.

후진의 교황의자와 익랑의 예배당 그리고 성수 대

바티칸/로마

937년, 클뤼니의 성 오도가 로마에 오자 로마의 귀족인 스폴레토의 아벨릭 2세는 그의 신도들에게 수도원과 대성전을 맡겼으며 성 오도는 몬테카시노의 발두이노를 대신하였다. 교황 성 그레고리오 7세의 치세에 수도원의 수도원장과 아말피의 판탈리오네가 대성전에 콘스탄티노폴리스 출신 예술가들이 제작한 청동 문들을 바쳤다. 대성전은 교황 마르티노 5세에 의해 몬테카시노 연합체의 수도자들이 맡았다가 대수도원의 자치 수도원장이 맡았다. 그 후 수도원장의 사목권은 치비텔라산파올로, 레프리냐노, 나차노 교구의 모든 성당까지 확대되었다. 하지만, 로마의 산 파올로 교구는 교황대리 추기경의 사목권 아래 있었다.

후진 모자이크(1220)는 베네치아 예술가들이 만들었다. 그리스도의 측면에는 성 베드로와 성 바오로, 성 안드레아, 성 루카가 있다.

이탈리아중부

성당의 4 면은 모두 웅장한 화강암 기둥으로 둘러싸여있다.

성당내부 화강암기둥과 천장의 장식그림(아래)

바오로의 쇠사슬

바티칸/로마

성당내부의 안내도

이탈리아중부

산 조반니(요한) 인 라테라노 대성당
Basilica di San Giovanni in Laterano

35 성지

산 조반니 인 라테라노 대성당의 정면 파사드

　산 조반니 인 라테라노 대성당(이탈리아어: Basilica di San Giovanni in Laterano)은 로마 교구의 주교좌성당이며, 로마교구 교구장은 교황이다. 대개 라테라노 대성당이라고 간략하게 부르기도 한다. 대성당의 공식 이름은 라테라노의 지극히 거룩하신 구세주와 성 요한 세례자와 성 요한 복음사가 대성당이다. 로마에 있는 그리스도교 성당 가운데 가장 오래된 성당이자 첫째가는 지위를 가졌으며, 가톨릭 신자들 사이에서 전 세계 모든 성당의 어머니로 대접받고 있다. 정면 외관에는 '구세주 그리스도를 위하여(Christo Salvatori)' 라는 글씨가 새겨져 있으며, 모든 총 대주교 성당을 대표해서 지극히 거룩하신 구세주 그리스도에게 봉헌되었다. 교황 좌(Cathedra Romana)가 있는 로마 교구 주교좌 성당으로서 로마 가톨릭교회의 다른 어떤 성당보다 우위를 차지하고 있으며, 여기에는 바티칸의 성 베드로 대성당조차 예외는 아니다. 대성당은 바티칸 시국 영토 안에 있지 않은데, 대성당이 있는 토지는 이탈리아 공화국의 로마 시내 안에 자리 잡고 있다. 그러나 다른 몇몇 건물의 경우처럼 라테란 조약의 체결과 함께 로마 문제가 해결되고 나서 성좌의 자산으로서 특별한 치외 법권적 상태를 누리고 있다.

그리스도의 수난을 묵상하며 고통을 함께 나눈다는 의미에서 순례 자들은 거룩한 계단을 무릎으로 오르는 전통이 있다. 양쪽의 대리석 상 들은 《유다의 입맞춤》과 《군중에게 그리스도를 소개하는 빌라 도》로서 1854년 조각가 야코메티의 작품이다. 계단 꼭대기의 쇠창살 사이로는 성 라우렌시오 경당이 보인다. 여기에는 천사들이 그렸다는 그리스도의 초상화가 모셔져 있다.

대성당의 중앙 입구 위에 새겨진 명각

라테라노 궁전과 인접한 대성당이 공식적으로 봉헌된 날짜는 교황 실베스테르 1세에 의해 '하느님의 집(Domus Dei)'으로 선포되고 교황의 통솔 아래에 들어간 324년이다. 내부에는 교황 좌가 배치되어 있어, 로마 주교의 주교좌성당으로 발전하는 원인이 되었다. 대성당의 으뜸 직을 반영하고자 중앙 입구에는 라틴어로 '전 세계 모든 성당의 어머니이자 머리인 지극히 거룩한 라테라노 성당(Sacrosancta

이탈리아중부

Lateranensis ecclesia omnium urbis et orbis ecclesiarum mater et caput)' 라는 글씨가 새겨져 있다.

희년의 문은 신부님이나 일반 신자나 모두 무릎을 꿇고 통과한다.

산 조반니 인 라테라노의 중랑.

라테라노 궁전과 대성당은 두 번에 걸쳐 다시 봉헌되었다. 10세기에 교황 세르지오 3세는 대성당의 세례당을 새로이 축성하면서 이곳을 성 요한 세례자에게 봉헌하였다. 12세기에 교황 루치오 2세는 라테라노 궁전과 대성당을 다시 성 요한 복음사가에게 봉헌하였다. 성 요한 세례자와 성 요한 복음사가는 주교좌성당의 공동 수호성인으로 간주하지만, 역시 최고의 수호자는 대성당의 입구에서도 나타나 있듯이 구세주 그리스도이다. 때때로 대성당은 공식적인 이름인 '라테라노의 지극히 거룩하신 구세주와 성 요한 세례자와 성 요한 복음사가 대성당'으로 언급되기도 한다. 대성당은 두 요한 성인의 영광을 기리는 가장 중요한 성당이 되었지만, 공동으로 공경을 받는 경우는 거

바티칸/로마

의 없다. 나중에 라테라노 궁전에는 두 요한 성인에 대한 신심으로서 봉헌된 베네딕토회 수도원이 설립되어 대성당을 위해 봉사하는 일을 하였다. 성당 중랑에는 12사도들의 석상이 양쪽으로 각 6개씩 자리하고 있고 그 위로는 구약의 예언자들과 구약과 신약을 연결해 주는 주요한 사건들이 표현되어 있다. 12사도 중 가장 먼저 열쇠 2개를 들고 있는 베드로 사도가 있고 그 맞은편에는 12사도는 아니지만 로마에서 순교한 바오로 사도가 긴 검과 책 두루마리를 들고 있다. X자 십자가에 매달려 순교하신 베드로 사도의 동생 안드레아 사도가 베드로 옆에 자리하고 있다. 대 야고보 사도는 순례자들의 주보성인답게 지팡이를 들고 있으며, 이 성당의 주보성인인 요한 사도는 독수리와 함께 성경을 쓰고 계신 모습이며, 토마스 사도는 부활하신 예수님의 손바닥과 옆구리의 상처에 넣어봤던 손가락을 펼쳐 보이고 있다. 소야고보 사도는 본인이 순교당할 때 사용된 형틀 도구인 곤봉을 들고, 그 맞은편의 필립보 사도는 십자가를 들고 용을 밟고 계시며, 살가죽이 벗겨져 순교 당하신 바르톨로메오 사도는 본인의 살가죽을 들고 있다. 세리였다가 예수님을 따라 간 마태오 사도는 버려진 돈 주머니를 밟고 큰 책을 읽고 있는 모습이다.

중랑 양쪽에 6개씩 자리하고 있는 사도들의 석상 모습

열혈 당원 시몬 사도는 본인의 순교 도구였던 톱을 들고 율법서를 읽고 계시며, 마지막으로 유다라는 이름을 가졌단 타대오 사도는 본인의 순교 도구였던 창을 들고 있다.

25년 만에 열린 희년의 문

희년의 문(聖門/HOLY DOOR)

'희년의 문'은 25년마다 돌아오는 가톨릭 성스러운 해인 '희년(Jubilee Year)'에만 열리는 문으로, 로마 4대 대성당에 위치하며 통과하면 죄의 사함을 받고 영적 은혜를 얻는다고 여긴다. 이 문은 예수 그리스도를 상징하며, 신자들이 죄를 씻고 하느님께 나아가는 통로 역할을 한다. 2025년 정기 희년이 시작되면서 2024년 12월 24일 성 베드로 대성전의 성문이 개방되었고, 다른 대성당의 희년의 문들도 순차적으로 개방되었다. 로마 4대 대성당에 희년의 문이 있으며 2024년 12월 24일 프란치스코 교황이 성 베드로대성전 문을 개방하면서 시작되었다.

성당의 후진 부 돔에는 천사들에 둘러싸여 승천하는 예수그리스도와 사도들의 모습이 그려져 있고 맨 아래에는 로마의 주교인 교황 좌가 있다.

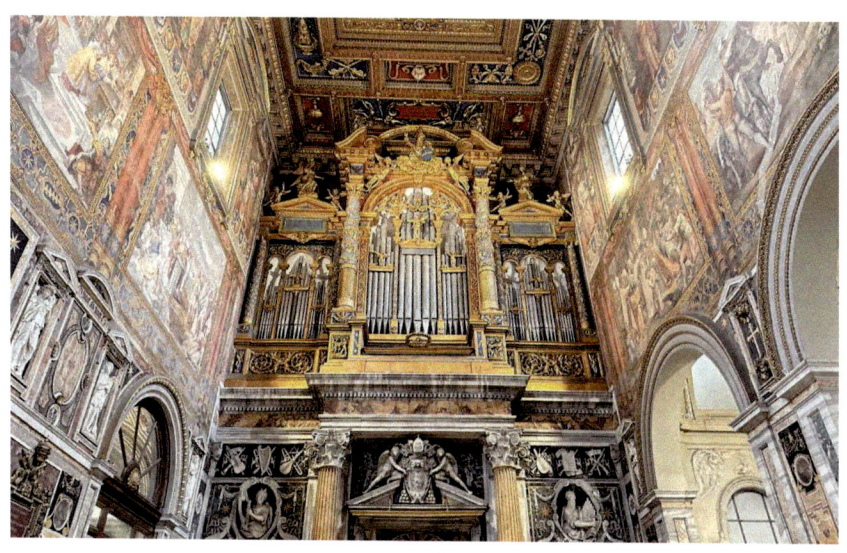

산 조반니 인 라테라노 성당의 내부

이탈리아중부

거룩한 계단성당
Pontificio Santuario della Scala Santa
36 성지

거룩한 계단 Pontifical Sanctuary of the Holy Stairs

1854년 비오 9세에 의해 명명된 이래로 성 요한 라테라노 대성당 옆에 위치한 이 성지의 수호자 역할을 해왔다. "주님의 수난을 기억하게 하라" 창립자 성 바오로가 말씀하신 것처럼, "그것은 신성한 사랑의 가장 위대하고 놀라운 작품이다." 이 카리스마에 충실하여, 십자가에 못 박히시고 부활하신 예수님의 사랑을 모든 사람에게 선포함으로써 형제자매들에게 봉사한다. 는 사명을 가지고 있다. 성 계단 성당은 "수난의 성지"이다. 매일 수백 명의 순례자가 무릎을 꿇고 28개의 계단을 오른다. 전승에 따르면 예수 그리스도가 수난을 당할 때 예루살렘의 총독 본시오 빌라도에게 나아가면서 밟았던 계단이라고 한다. 콘스탄티누스 1세의 어머니 성녀 헬레나가 예루살렘에서 가져와 라테라노 궁전에 설치하였던 이 계단은 1589년 교황 식스토 5세 때 건축가 도메니코 폰타나에 의해 현재의 위치로 옮겨졌다

거룩한 계단을 무릎으로 기어오르는 순례자들

그리고 교황 비오 9세 때부터 예수 고난회 수도자들이 관리해오고 있다. 이 계단은 콘스탄티누스 황제의 어머니인 성녀 헬레나의 요청으로 로마로 옮겨진 빌라도의 프라이토리움 계단이라고 한다.

성스러운 계단과 면죄부

성 계단 성당의 양쪽 벽과 천장에 그려진 33점의 프레스코화

성소라는 이름은 28개의 계단에서 유래되었는데, 이 계단이 로마에 도착한 것은 콘스탄티누스의 어머니 헬레나 왕비의 이야기와 관련이 있다. 그녀는 예루살렘으로 성지순례를

가서 (327-328) 당시 로마시대 때 빌라도 총독관저 앞에 있었던 28개의 계단을 떼어 왔는데 이 계단이 전승에 의하면 예수 그리스도가 사형선고를 받기 위해 그 과정에 3번 오르락내리락 하셨던 바로 그 계단이라고 전해지는 것이다. 지금까지도 로마를 순례하는 많은 순례자들은 이곳에 와서 성 계단을 발로 밟고 올라가지 않고 무릎을 꿇고 올라가면서 그리스도의 수난을 기억하는 전통이 지금까지도 살아 있다. 내부로 들어가면 세 곳의 계단이 있다. 중앙의 계단이 성 계단이고 양쪽은 일반 계단이다.

성 계단 정면의 프레스코화 십자가에 못 박힌 예수

기도는 개인의 지향을 사도신경, 주모경 후 계단을 오르면서 주님의 기도를 바친다. 고대전통에 따르면, 이 계단은 그리스도의 수난에 대한 경의의 표시로 무릎으로만 올라갔다. 수 세기 동안 순례자들의 발걸음으로 닳아 오르기 어려웠던 고대 대리석 계단은 1724년에 그 위를 호두나무로 덮어지면서 몇 군데 틈 사이로 원래 대리석이 드러났다. 첫 번째, 열한 번째, 그리고 마지막 계단 등 세 군데에는 현창이 있는데, 그 아래로 황동과 대리석 십자가가 보인다. 이 십자가들은 성계단의 일부 계단이 채찍질 후 계단 아래로 흘러내린 그리스도의 피에 의해 얼룩졌다는 고대 전통을 증명한다. 오늘날에는 더 이상 볼 수 없는 이 얼룩들은 대리석에 새겨진 이 표시로 기념되며, 순례자들의 특별한 경의의 대상이다. 수 세기 동안 교황들은 성 계단을 오르는 이들에게 수많은 면죄부를 부여해 왔다. 최근 문서에 따르면, 일반적인 조건 (고백, 영성체, 신경, 교황을 위한 기도) 에 따라 모든 신자는 하루에 한 번 전대사를 받을 수 있다. 면죄부는 자신이나 고인에게 적용될 수 있고,

바티칸/로마

성소에서는 순례자가 성 계단을 오르면서 그리스도 수난의 신비를 묵상하도록 안내책자를 구매할 수 있다.

성소로 이어지는 계단

성소의 세 예배당은 무릎으로만 올라갈 수 있는 성 계단뿐만 아니라 네 개의 계단을 통해서도 접근할 수 있다. 특히 두 개의 계단은 진정한 예술 작품으로, 천장과 벽에 75개의 성경 장면 프레스코화가 그려져 있다.

이러한 묘사는 마치 "가난한 이들의 성경" (Biblia Pauperum)처럼 구원 역사의 주요 사건들을 되짚어 볼 수 있게 해 준다. 이 프레스코화는 교황 식스토 5세 (1585-1590) 시절에 그려진 것으로, 그림 현장의 감독이었던 체사레네비아 (1536-1614)와 조반니(1544-1618)가 설계

한 것이다. 이 그림은 적어도 12명의 다른 화가가 그렸으며, 비평가들은 이 작품들의 원작자가 한 사람인지 다른 사람인지에 항상 동의하지는 않는다.

성 계단에는 그리스도의 수난 장면을 묘사한 33점의 프레스코화가 화려하게 전시되어 있다. 무릎을 꿇고 성 계단을 오르는 사람들은 이 작품들을 바라보면서 구세주의 고난에 대한 묵상에 더욱 깊이 잠길 수 있다. Sancta Sanctorum 뒤편, 최근에 지어진 공간에는 신자들이 그리스도의 수난에 대한 묵상을 계속할 수 있는 예배당이 마련되어 있다. 15세기에 제작된 크고 우아한 십자가상이 이 공간을 압도한다. 십자가에 못 박힌 그리스도의 모습을 둘러싼 청동 패널은 수난회 성인들을 묘사하고 있는데, 이는 현대 예술가이자 수난회 수녀인 티토 아모데이 신부의 작품이다. 이 예배당에는 수난회 창설자인 십자가의 성 바오로의 제대와 1992년 9월 22일 성덕의 향기 속에서 선종한 하느님의 종 칸디도 아만티니 신부의 무덤도 있다. 그는 이 성소에서 수년간 구마사로 활동했다.

산 로렌조 경당

산 로렌초 경당은 성소 기념행사가 거행되는 곳이다. 프레스코 화는 반종교개혁 당시 유행했던 주제들을 보여준다. 실제로 천장에는 삼위일체와 서방 교회의 네 명의 박사, 즉 암브로시우스, 아우구스티누스, 그레고리우스, 히에로니무스, 동방 교회의 박사인 크리소스토모스와 바실리오, 그리고 바뇨레조의 토마스 아퀴나스와 보나벤투라가 묘사되어 있다. 스테인드글라스 창문 위와 성소 입구 위의 "반원형 창"에는 폴 브릴(1554-1626)의 작품으로 추정되는 플랑드르 양식의 풍경 프레스코화가 몇 점 있다. 왼쪽에는 발다사레 크로체(1558-1628)가 그린 것으로 추정되는 산 로렌초 제단이 있다.

바티칸/로마

산 로렌조 경당

십자가 경당

1585년 교황 식스토 5세는 고대 교황 경당 옆에 두 개의 새로운 경당을 지었다. 하나는 산 로렌초에, 다른 하나는 산 실베스트로에 헌정되었다.

십자가경당의 중앙제단

산타마리아 소프라 미네르바 성당
Basilica di Santa Maria Sopra Minerva

37 성지

현재 산타 마리아 소프라 미네르바 성당과 옛 수녀원이 있는 지역에는 한때 미네르바, 이시스, 세라피스에게 바쳐진 세 개의 신전이 있었고 8세기에 이미 이 신전들 옆에는 작은 교회가 있었는데, 교황 자카리아는 동방에서 도망쳐 온 바실리오 수녀들에게 이 교회를 하사했다. 1255년, 알렉산데르 4세는 이곳에 개종자 공동체를 설립했고, 산타 마리아 소프라 미네르바 수도원은 로마 최초의 도미니코회 수도원인 산타 사비나의 관리 하에 있었으며, 이 도미니코회 공동체는 로마에서 가장 중요한 공동체 중 하나가 되었으며, 이미 50명이 넘는 수도사를 거느리고 있었다. 이 교회는 1557년부터 추기경 칭호를 유지해 왔는데, 이는 특정 추기경과 연관되어 있음을 의미한다. 최초의 추기경은 미켈레 기슬리에리로, 1566년 비오 5세라는 이름으로 교황에 선출되었다.

정면 광장에는 코끼리가 받치고 있는 오벨리스크가 유명하다.

로마에서는 보기 드문 고딕 양식의 이 건축물은 1280년 도미니코회 수도사 시스토와 리스토로가 설계했다. 이들은 피렌체의 산타 마리아 노벨라 성당을 설계한 형제이기도 하다.

로마에서 유일하게 중세 고딕 양식의 교회를 볼 수 있는 곳이 바로 이곳이다. 기둥 위에 십자형 천장이 있는 세 개의 본당이 특징이며, 금 빛 별이 그려진 푸른 천장은 시각적으로 매우 인상적이다. 이 천장은 미켈란젤로가 프레스코화를 그리기 전 시스티나 성당의 모습을 엿볼 수 있게 해준다. 양쪽 본당에는 바로크 양식의 모습을 간직한 다양한 예배당이 있는데, 귀족 가문의 소유였다. 이 예배당들은 예술 작품으로 가득 차 있다.

이 교회는 현재 약 20명의 수도사들이 거주하는 대규모 수녀원 단지와 연결되어 있다. 수녀원에는 화려한 프레스코화가 그려진 회랑이 있는데, 수도사들의 일상생활을 위한 공간으로 특정 시기에만 방문할 수 있다.

성녀 카타리나의 유해(대리석 관)가 모셔져 있는 주 제단

이탈리아중부

십자가를 쥔 그리스도/미켈란젤로 (좌)
성당 파사드 내부의 장미창 모습 (위)

시에나의 성녀 카타리나

그녀는 1347년 3월 25일 시에나에서 태어났다. 부유한 염색공 부모 사이에서 태어난 25남매 중 둘째였다. 그녀의 쌍둥이 자매 조반나는 갓난아기 때 사망했다. 그녀가 여섯 살이었을 때 예수님께서 위엄 있는 교황의 차림새로 나타나셨고, 성 베드로, 요한, 바오로와 함께 계셨다. 당시 교황은 아비뇽에 계셨고, 기독교는 이단 운동의 위협을 받고 있었다. 일곱 살 때 그녀는 순결 서약을 했다. 기도, 참회, 금식은 이미 그녀의 삶의 일부였다. 1363년, 그녀는 "맨텔라테"(흰 도미니코 수도복 위에 검은 망토를 두른) 라는 수도복을 입었는데, 이는 오늘날 도미니코회 평신도 수도회에 해당한다.

카타리나는 문맹이었음에도 불구하고 성서 독서를 공부했다. 주님으로부터 읽는 은사를 받았고 쓰는 법도 배웠지만, 여전히 받아쓰기를 자주 사용했다. 그녀는 다양한 신비로운 경험을 했다. 예수와 결혼하여 루비로 장식된 반지를 받았고, 그녀의 의지에 따라 보이지 않게 남았지만 그녀가 죽은 후에 나타난 성흔이 그 두 가지 예 이다. 그는 유럽이 전염병, 기근, 전쟁으로 황폐해지던 시기에 가난한 사람, 병든 사람, 수감자를 위해 집중적인 자선 활동을 벌였다. 그녀 주변에는 넘치는 "영적 가족"이 형성되었다.

　그녀는 수많은 여행 중에 그레고리오 11세(1330~1378)를 만나기 위해 아비뇽으로 떠났다. 그레고리오 11세는 카타리나의 설득으로 1377년 1월 17일 성 베드로 시로 돌아왔다. 시에나의 성녀 카타리나는 교회 박사이자 로마, 이탈리아, 그리고 유럽의 공동 수호성인이다. 그녀의 가장 중요한 저서로는 『하느님의 섭리에 관한 대화』, 기도문, 그리고 방대한 서신이 있다.

산타 마리아 소프라 미네르바 성당의 주 제단

이탈리아 중부

시에나의 성녀 카타리나의 유해가 모셔져 있는 주 제단

돔 천장의 아기예수를 안은 성모마리아, 그레고리오 교황, 아시시의 성 프란치스코

성당 후진부의 장미창

12사도의 초상화로 제작된 장미창

이탈리아중부

산탄드레아 델라 발레 성당
Basilica of Sant'Andrea della Valle

38 순례지

교황 식스토 5세의 조카인 알레산드로 페레티 디 몬탈토 추기경의 자금 지원으로 1591년 잔 프란체스코 그리말디와 자코모 델라 포르타의 설계로 시작된 산탄드레아 델라 발레 성당은 건설 공사가 다음 세기까지 계속되었다. 1608년, 건물 완공을 맡은 마데르노는 익랑을 확장하고 돔을 높였다. 높고 호화로운 트라버틴 파사드는 17세기 후반에 만들어졌으며, 마데르노의 디자인을 이어받은 카를로 라이날디가 증축하여 건축 요소의 가소성과 명암 대비를 강조했다.

산탄드레아(성 안드레아) 델라 발레 성당의 정면 트라버틴 파사드

이 성당의 평면도는 라틴 십자가를 기반으로 하고 있다. 구조적으로는 건물의 수직적 리듬을 강조하는 8개의 높은 예배당이 양 옆으로 배치된 넓은 본당이 있다. 그중 하나인 바르베리니 예배당은 푸치니 오페라의 줄거리 일부가 이곳에서 설정되어 "카펠라 델라 토스카"로도 알려져 있다. 두 개의 다른 측면 예배당은 마티아 프레티가 프레스코화로 장식한 금으로 장식된 후진을 내려다보고 있다.

돔의 내부는 Giovanni Lanfranco 가 만든 프레스코화로 장식되어있다.

본당 끝에는 1614년에 이곳으로 옮겨진 고대 바티칸 대성당의 두 가지 희귀한 증거가 있다. 교황 비오 2세와 비오 3세 피콜로미니의 장례 기념물로, 첫 번째는 1470년경, 두 번째는 16세기 초로 거슬러 올라간다. Maderno가 건설하고 1622년 11월 6일에 준공된 아름다운 돔은 성 베드로 대성당 다음으로 로마에서 두 번째로 높다. 주목할 만한 것은 날개로 일종의 소용돌이를 형성하는 케루빔이 있는 돔의 랜턴의 머리 부분이다. 이것은 몇 년 전 삼촌 Carlo Maderno의 부름으로 성 베드로 대성당 건설 현장에서 일하기 위해 로마로 온 젊은 Francesco Borromini가 디자인한 것으로 알려지고 있다. 돔의 내부는 Giovanni Lanfranco 가 만든 멋진 프레스코화로 장식되어 있다.

이는 하늘을 교회 안으로 가져오는 바로크 환상주의의 걸작이며, 이 작업은 1621년과 1628년 사이에 Domenichino 가 그린 펜덴티브와 반원형 익랑의 프레스코화와 동시에 경쟁적으로 진행되었을 것으로 보고 있다. 교회 밖 측면에는 도시에 있는 수많은 말하는 조각상 중 하나인 소위 "루이지 대수도원장" 의 조각상이 있다.

후진의 프레스코화

후진 제대중앙의 십자가에 못 박힌 성 안드레아

칼라브리아의 기사로 알려진 마티아 프레티가 그린 대형 프레스코화. 나폴리에서 초기 수련을 마치고 로마에 도착한 프레티는 1650년에서 1651년 사이에 후진(apse) 아랫부분에 세 점의 대형 프레스코화를 그렸다. 이 작품들은 빛의 조화를 통해 구현된 섬세한 장식 효과와 뛰어난 구성력을 보여준다. 왼쪽 패널에는 십자가에 못 박히는 성 안드레아가, 중앙에는 십자가에 못 박힌 성 안드레아가, 오른쪽 패널에는 성 안드레아의 매장이 그려져 있다.

성당 내부에는 미켈란젤로의 조각작품이 많이 진열되어 있다.

이탈리아중부

판테온
Pantheon

39 순례지

판테온(라틴어: Pantheon)은 이탈리아 로마에 위치한 옛 로마 신전으로, 7세기 들어 가톨릭 성당으로 활용되면서 지금까지 전한다. 판테온은 그리스어 '판테이온'에서 유래한 말로 "모든 신을 위한 신전"이라는 뜻이다.

성당 내부에는 프레스코화 외에도 미켈린젤로의 조각 작품이 많이 전시되어있다.

고대 로마 신들에게 바치는 신전으로 사용하려고 지은 로마의 건축물로, 하드리아누스 황제 때 서기 125년경 재건했었다. 모든 고대 로마 건축물 가운데 가장 보존이 잘 되어 있고, 전 세계를 통틀어 당대 건물 가운데서도 가장 보존 상태가 좋다고 평가한다. 역사적으로 판테온은 쭉 사용했었다. 현존하는 건물의 설계는 트라야누스 황제의 건축가인 다마스쿠스의 아폴로도루스가 했다는 견해도 있으나, 이 건물 자체와 건물의 설계는 하드리아누스 황제나 그의 건축가들이 했을 가능성이 크다. 7세기 이후부터는 로마 가톨릭교회의 성당으로 사용했

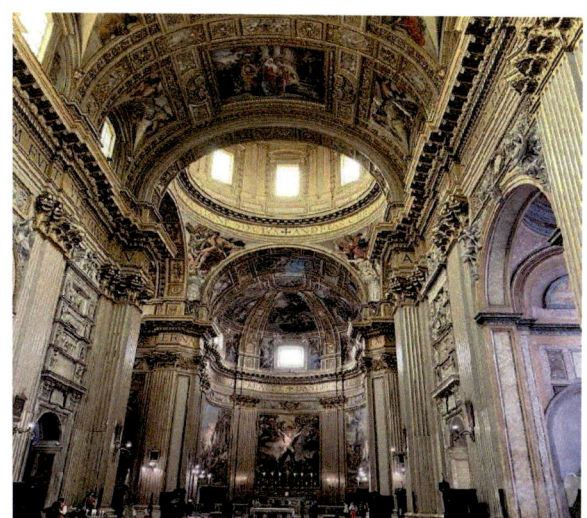

다. 판테온은 현재 로마에서 존재하는 가장 오래된 돔 구조이다. 바닥에서 원형 구멍까지의 높이와 돔 내부 원의 지름은 43.3m로 같다.

이탈리아중부

판테온의 정면 오벨리스크와 내부에서 본 천장 돔

판테온 내부의 정면 제단

바티칸/로마

라파엘의 무덤과 그 위의 라파엘 청동흉상

판테온 신전의 외벽

이탈리아중부

성 베드로 광장
Piazza San Pietro

40 순례지

　성 베드로 광장(Piazza di San Pietro)은 1656년부터 1667년까지 11년 동안 베르니니의 설계로 세워졌다. 광장에 들어서면 우선 눈에 들어오는 부분이 양쪽에 서 있는 타원형의 대 회랑이다. 높이 16m의 총 284개의 원통형 대리석 기둥이 각각 네 줄로 양편에 서 있다. 그 위에 성인과 교황의 모습들이 대리석으로 조각되어 서 있는데 모두 140개이며 대리석상 하나의 높이는 3.24m의 거대한 석상이지만 순례자들의 눈에는 조그마한 모습으로 한눈에 들어오는 까닭은 광장과 대성당의 웅장한 규모 때문이다. 광장은 폭이 246m이며 광장 입구에서 대성당의 입구까지 길이만도 무려 300m나 된다.

대성당의 돔에서 바라본 성 베드로광장은 베드로가 지닌 천국의 열쇠 모양이다.

　광장 한가운데에 솟아 있는 오벨리스크는 원래의 자리가 대성당 정면을 바라보면서 왼쪽에 있었으며, 그곳은 네로 전용의 개인 경기장이 있던 자리인데 오벨리스크는 경기장의 장식을 위해 그 안에 세워져 있었다. 바로 이경기장에서 성 베드로가 순교를 당했고, 이를 기념하여 훗날 이자리에 성 베드로 대성당을 지었던 것이다. 네로의 경기장

바티칸/로마

은 대성당을 건립할 때 모두 철거되고 오벨리스크만 그 자리에 남겨 두었다. 그 후, 식스토 5세 교황의 명령에 따라 1586년 4월 이전 공사를 시작하여 130일 후인 같은 해 9월에 지금의 위치에 세우게 되었다. 받침대를 제외한 순수한 오벨리스크의 높이만도 25m이며 약 300t의 무게인 이 건축물을 이전하려고 동원된 근로자만 900여 명이었고 그 밖에도 말이 140여 필, 이전을 위해 특별히 제작된 권선기 47대 등 당시로써는 엄청난 대공사였다고 한다. 지금의 자리에 옮겨진 오벨리스크 위에 청동으로 십자가를 제작해 올려놓았는데, 이 십자가 안에는 성녀 헬레나가 예루살렘에서 가져온 예수가 못 박힌 십자가 원본의 일부가 들어 있다. 오벨리스크 양쪽에는 화려한 바로크 문양으로 장식된 두 개의 분수대가 자리 잡고 있다. 이 두 분수대는 광장의 아름다운 조화와 균형을 위해 건축했다고 하는데 종교적인 의미로 생각한다면, 하느님의 성전에 들어가기 전에 물로써 죄를 깨끗이 씻어야 한다는 상징적인 의미가 더욱 크다. 실제로 반세기 전까지만 해도 대성당에 순례 왔던 사람들은 모두 양쪽 분수대의 물을 손으로 떠서 머리 위에 먼저 뿌린 후 대성당 안으로 들어갔다고 한다.

이탈리아중부

성 베드로 대성전
Basilica di San Pietro

41 성지

성 베드로 대성전은 성 베드로 대성당, 바티칸 대성전 (Basilica Vaticana)등으로 불리며, 바티칸 시국 남동쪽에 있는 대성전을 말한다. 성지 가운데 하나이자 세계 기독교의 일 번지, 즉 세계의 모든 교회 가운데 가장 거대한 교회로 유일무이한 위치를 차지하고 있다. 성 베드로 대성전이 로마의 수많은 교회 가운데 가장 유명하기는 하지만, 일반적인 대중의 인식과는 달리 으뜸 교회는 아니다. 로마 교구의 대성전의 명예를 지닌 교회는 산 조반니 인 라테라노 대성당이다.

성 베드로 광장에서 바라본 성 베드로 대성당의 파사드와 돔

성 베드로의 시신이 대성전의 제대 아래에 묻혀 있는 까닭에 옛날부터 교황이 선종하면 그 시신을 제대 아래에 안치해오고 있다. 대성전은 4세기 이래 이 장소에 있었다. 대성전의 건설은 1506년에 시작되어 1626년에 완공되었다. 성당 내부길이는 186.36m 이다.

성 베드로 대성전은 그 종교성과 역사성, 예술성 때문에 세계적인 순례 장소로 유명하다. 르네상스부터 바로크에 이르기까지 수많은 예술계의 거장들이 주임 건축가 직책을 계승하면서 오랜 세월에 걸쳐 지은 건축 작품으로서 당대의 가장 거대한 건물로 여겨진다. 로마의 모든 초창기 성당들처럼 성 베드로 대성전 역시 입구가 동쪽에 있으며 후진(後陣)은 서쪽 끝에 있다.

저녁때의 성 베드로 대성전

성 베드로 대성전은 산 조반니 인 라테라노 대성당, 산타 마리아 마조레 대성당, 산 파올로 푸오리 레 무라 대성당과 더불어 로마의 주요 4대 성전 가운데 하나이다. 이곳은 바티칸 시국에서 가장 중요한 건축물이다. 대성전의 돔은 로마식 지평선의 특징을 갖고 있다. 가장 거대한 기독교 성당에 속하며, 바티칸 영토를 포함하여 2.3헥타르 (5.7에이커)의 넓이를 가졌다. 그리고 최대 6만 명 이상의 사람을 수용할 수 있는 대성당 내부에는 500개에 달하는 기둥과 400개가 넘는 조각상이 세워져 있고, 따로 분리된 44개의 제대와 10개의 돔이 있으며, 1300개에 달하는 모자이크 그림들이 벽면에 장식되어 있다. 기독교 세계의 성지 가운데 하나인 이곳은 성 베드로가 묻힌 곳이기도 하다. 그는 예수의 열두 제자 가운데 한 사람으로 나중에 로마의 첫 번째 주교, 즉 최초의 교황이 되었다. 비록 신약성경에는 베드로의 로마 체류나 순교 장소에 관한 이야기가 없긴 하지만, 가톨릭교회에서는 전통적으로 그의 무덤이 발다키노와 제대 아래에 있다고 생각한다. 그런 연유로, 베드로를 시발점으로 많은 교황이 이곳에 같이 매장되었다. 낡은 콘스탄티노 대성당을 헐고 새로 지은 지금의 대성당은 1506년에 건축을 시작하여 1626년에 끝마쳤다. 비록 성 베드로 대성당이 교황의 공식 주교좌이거나 대성당 가운데 제일의 지위를 가진 것도 아니지만, 위치가 바티칸 시국 벽 안에 있고 교황의 주거지와 인접해 있을뿐더러, 교황이 집전하는 대부분 의식이 열리는 장소이기 때문에 교황의 가장 중요한 성당으로 여겨진다.

테베레 강 방향의 성 베드로 대성당.

대성당 안에 있는 성 베드로 청동상과 성 베드로 대성당의 돔 외부

바티칸/로마

마데르노의 중랑, 성단소 방향

베드로 무덤 바로 위, 지상에서 132m 솟아오른 거대한 돔을 완성시킨 사람은 피에타를 조각한 미켈란젤로였는데, 피에타가 첫 작품이라면 성당의 돔은 그의 마지막 작품이었다. 천장의 그림은 놀랍게도 모두 모자이크이다. 색깔 있는 돌을 하나하나 조각내어 붙여서 그림을 완성했다. 가까이서 보면 투박하나, 예술가들은 높은 천장을 올려다볼 때, 붓으로 그린 그림처럼 선명하게 보이게 계산했던 것이다. 미켈란젤로 인생의 황혼기에 만든 둥근 지붕은 건축 기술이 이뤄낸 기적의 공간이다.

미켈란젤로가 설계한 지름 41.4m의 성 베드로 성당의 돔 내부

이탈리아중부

성 베드로의 무덤
Saint Peter's tomb

42 성지

　베드로는 예수의 열두제자 중 첫 번째 인물이자 초대 교황으로 전해지는 인물이다. 그는 로마의 기독교 탄압으로 66년경 순교한 후 바티칸 공동묘지 언덕에 묻혔다. 베드로가 죽은 지 260여년이 지난 326년 베드로가 묻힌 공동묘지 위에 성당이 세워졌다. 세월이 흘러 1666년 지금의 대 성당이 새롭게 들어서게 되었다. 140인의 성인 조각상이 회랑 기둥에서 광장을 내려다본다.

　성당 중앙에는 교황이 미사를 집전하는 곳인 제대가 있고, 그 위를 발다키노가 덮고 있는데 발다키노는 이탈리아 말로 덮개, 또는 천개라는 뜻이다. 무려 29m 나 되는 청동 구조물이다. 베드로가 앉았을 것으로 추정되는 나무의자에(지안 로렌조 베르니니가 1666년 완성) 청동을 입혀 만든 거대한 의자이다. 성령을 상징하는 비둘기가 새겨진 창문으로 신비롭고 성스러운 빛이 들어온다. 발다키노 바로 밑 지하에는 무덤이 있다.

　베드로는 순교한 직후 로마의 공동묘지에 묻혔고, 대성당은 그 위에 지어진 것이기에 당연히 성 베드로 대성당 지하 어딘가에 베드로의 무덤이 있는 것은 확실했다. 1930년대에 들어서 대성당 지하에 있는 묘지가 포화상태에 이른다. 그래서 확장공사를 하던 중 1950년 한 유골 주변에 '베드로가 여기에 있다'고 쓰인 돌 벽을 발견한다. 유골의 성별이나 나이가 베드로의 순교한 시점의 나이와 일치한다는 것도 중요했다. 1968년 교황 바오로6세는 베드로의 무덤이라고 공식적으로 발표했다.

　그리고 2013년 11월, 프란치스코 교황이 베드로의 유골을 대중에 공개하면서 베드로의 유골이라 확정했다. 그러나 베드로의 무덤인지에 대해서 고고학자들은 대체로 회의적 입장이었다. 바티칸 신학대학에서는 '베드로의 무덤이라는 확실한 근거는 없지만, 우리는 이것을 믿음으로서 존중하여야 한다.' 라고 발표했다.

바티칸/로마

대성당에서 한 층 내려온 성 베드로 콘페시오는 지하무덤과 연결되지만, 통로는 막아두었다. 그 외에도 지하에는 오랫동안 잊혔던 베드로의 유골을 찾아낸 교황 비오12세의 무덤도 있다. 한편, 비오12세는 1947년 교황 특사를 대한민국에 파견하였는데, 국제 관례상 교황청이 대한민국을 주권국가로 승인한 것으로 이해되어, 대한민국이 국제적 승인을 얻는 과정에 큰 힘이 되었다.

피에타
Madonna della Pietà
43 작품

미켈란젤로가 조각한 《피에타》

피에타 (Our Lady of Pity; 1498-1499)는 이탈리아 말로 피에타는, 슬픔 그리고 비탄이란 뜻이다.
미켈란젤로가 25살에 조각한 작품으로 세상에 그의 이름을 알린 첫 작품이다. 죽은 예수를 품에 안은 성모마리아의 모습인데 아들을 잃은 어머니의 슬픈 표정을 기가 막히게 표현했다. 안타깝게도 1972년 오순절에 라즐로토트(Laszlo Toth)에 의해 테러를 당해서 팔과 얼굴이 부서졌지만, 잘 복원해서 방탄유리 속에 전시중이다.
이 조각상은 십자가에서 내려진 예수가 어머니 마리아에게 주어지는 순간을 포착했다.

275

이탈리아중부

성 베드로의 발다친(발다키노)
St. Peter's Baldachin

44 순례지

성 베드로의 발다친✠ (이탈리아어: Baldacchino)은 이탈리아 로마에 둘러싸인 도시 국가이자 교황령인 바티칸 시국에 있는 성 베드로 대성당의 높은 제대 위에 있는 대형 바로크 조각 청동 캐노피로, 기술적으로는 시보리움 또는 발다키노라고 한다. 발다키노는 교차점의 중앙에 있으며 대성당의 돔 바로 아래에 있다. 이탈리아 예술가 잔 로렌초 베르니니가 설계한 이 발다키노는 아래에 있는 성 베드로의 무덤의 위치를 기념비적인 방식으로 표시하기 위한 것이었다. 캐노피 아래에 대성당의 높은 제대가 있다. 교황 우르바노 8세의 의뢰로 이 작업은 1623년에 시작되어 1634년에 완성되었다. 발다키노는 대성당 내에서 시각적 초점 역할을 한다. 그 자체로 매우 큰 구조물이며, 건물의 엄청난 규모와 캐노피 아래 교황 제단에서 종교 의식을 집전하는 사람들의 인간적 규모 사이의 시각적 매개체를 형성한다.

베르니니의 "베드로의 의자"와 성령을 상징하는 비둘기가 새겨진 "영광의 창"

바티칸/로마

성 베드로 대성당의 높은 제단에 있는 발다친. (베르니니가 설계한 작품) 성 베드로의 무덤은 이 구조물 바로 아래에 있다.

발다친 (baldachin)은 일반적으로 제단이나 왕좌 위에 놓이는 천개. 처음에는 천으로 만들었지만, 다른 경우에는 견고하고 영구적인 건축적 특징이 되기도 한다. 대성당의 높은 제단 위에 설치되는데, 형태를 갖추고 있을 때는 시보리움(ciborium)이라고 한다.

이탈리아중부

바티칸/로마

희년의 문이 있는 장소
로마 4대 대성당(성 베드로 대성당, 산 조반니 인 라테라노 대성당, 산타 마리아 마조레 대성당, 산 파올로 푸오리 레 무라 대성당)에 각각 존재한다.

희년의 문이란?
가톨릭교회에서 '희년'이라는 특별한 시기에만 개방되는 문이며, 예수 그리스도를 상징하며, 요한복음 10장 9절의 "나는 문이다. 누구든지 나를 통하여 들어오면 구원을 받을 것"이라는 구절에 근거한다. 목적은 신자들이 희년의 문을 통과하며 죄를 씻고 영적 쇄신과 은총을 받는 것을 상징한다.

성 베드로 대성전의 희년의 문을 통과하면서 기뻐하는 순례자들과 저자

이탈리아중부

시스티나 경당
Cappella Sistina

45 순례지

시스티나 경당 (라틴어 : Sacellum Sixtinum ; 이탈리아어 : Cappella Sistina)은 바티칸 시국에 있는 교황의 공식 거주지인 사도궁에 있는 예배당이다. 원래는 Cappella Magna (대 예배당)로 알려졌으며, 1473년과 1481년 사이에 건축을 지시한 교황 식스토 4세의 이름을 따서 시스티나 경당으로 명명되었다. 그 이후로 이곳은 종교적, 기능적 교황 활동의 장소로 사용되었다. 오늘날 이곳은 새로운 교황을 선출하는 과정인 교황 콘클라베가 열리는 곳이다. 경당의 명성은 주로 내부를 장식하는 프레스코화, 특히 미켈란젤로의 시스티나 경당 천장과 최후의 심판에 있다.

식스토 4세의 통치기간 동안, 산드로 보티첼리, 피에트로 페루지노, 핀투리키오, 도메니코 기를란다요, 코시모 로셀리를 포함한 르네상스 화가 팀은 모세의 삶 과 그리스도의 삶을 묘사한 일련의 프레스코화를 제작했으며, 그 위에는 교황의 초상화가, 아래에는 트롱프뢰유 기법의 천이 깔려 있었다. 이 작품들은 1482년에 완성되었고, 식스토 4세는 1483년 8월 15일 성모 승천 대축일을 맞아 시스티나 경당에서 첫 미사를 집전했으며, 이 미사에서 성당은 성모 마리아께 봉헌되었다. 지금도 교황선출 등의 콘클라베가 열리는 매우 중요한 장소로 사용되고 있으며, 부활절이나 성탄절 등 중요한 시기에 교황의 전 세계 인류를 향한 메시지를 발표할 때도 이 성당의 창문에서 한다.

1508년에서 1512년 사이에 교황 율리우스 2세의 후원으로 미켈란젤로는 예배당의 천장을 그렸다. 이 프로젝트는 서양 미술의 방향을 바꾸었고 인류 문명의 주요 예술적 업적 중 하나로 간주되었다. 다른 정치적 분위기에서 로마 약탈 이후 그는 돌아와 1535년에서 1541년 사이에 교황 클레멘트 7세와 바오로 3세를 위해 최후의 심판을 그렸다. 미켈란젤로의 그림은 5세기 전에 공개된 이후로 수많은 방문객을 이 경당으로 끌어들이고 있다.

시스티나 경당의 천장과 벽면을 장식하고 있는 이 그림들은 대부분 미켈란젤로의 작품이다.(사진촬영불허로, 출처=시스티나경당 홈페이지)

The Creation of Adam by Michelangelo(아담의 창조) 그림설명
미켈란젤로의 대표작 중 하나인 '아담의 창조'는 르네상스 예술의 걸작 중 하나로 꼽힌다. 성경의 창세기에 나오는 아담과 하느님의 손이 닿는 장면을 그린 작품이다. 이 작품은 인간의 창조와 신과의 접촉을 상징적으로 나타내고 있다. 미켈란젤로는 인간의 신성과 존엄성을 강조하며, 아담과 하느님의 손이 닿을 때의 순수한 순간을 잘 표현하였다. 그는 이 작품을 대리석으로 조각하여 제작하였다. 그의 뛰어난 조각 기술을 통해 아담과 하느님의 인상적인 인물을 세밀하게 조각하였으며, 그림의 깊이와 입체감을 부각시킨 프레스코 기법을 사용하였다. 그림의 비례와 대칭, 신체의 아름다움, 심미적인 조각 기술 등 미켈란젤로의 특징을 대표하는 이 작품은 그의 예술적 업적을 빛내며 르네상스 예술의 정점을 대표하는 작품이다.

미켈란젤로의 '아담의 창조'는 인간의 창조와 신과의 접촉을 주요 주제로 다루고 있다. 아담과 하느님 간의 상징적인 순간을 묘사한 것으로, 인간의 창조와 신과의 관계에 심오한 의미를 담고 있다. 주요 주제 중 하나는 인간의 창조와 신의 힘에 대한 경외와 숭배이다. 아담과 하느님의 손이 만나는 순간을 신성하고 순수한 순간으로 나타낸다. 이는 인간이 하느님의 이미지로 창조되었음을 강조하며, 신의 창조행위에 대한 경외심을 나타낸다. 아담은 신체의 아름다움과 완벽한 형태로 묘사되어 있으며, 이는 르네상스 예술의 중요한 특징 중 하나인 인간 중심주의를 대변한다. 이 작품은 인간의 창조, 신과의 관계, 순수함, 인간의 신체의 아름다움, 그리고 신에 대한 경외 등 다양한 주제를 내포하고 있으며, 이러한 주제는 작품을 통해 표현되고 감상자에게 전달된다.(사진촬영 불허로 출처=위키피디아)

최후의 심판 그림설명

시스틴 예배당의 총 226평방미터에 달하는 제단 벽면을 차지하는 이 프레스코 작업은 원래 클레멘트7세 시절에 계획되었으나, 그의 후계자 비오 3세 파르네세가 실제 작업을 명하였다. 당시 61세였던 미켈란젤로가 그림을 중단한지 20여 년 만에 다시 복귀하였다. 1541년 10월31일 교황이 제막식을 거행했지만, 사실은 다 완성되지 않았다.
작업일수 450여 일을 보낸 뒤인 11월18일에야 완성되었다. 작품 한복판에 사람들에게 둘러싸인 예수님이 서 있고, 어떤 사람들은 천국으로 들림을 당하고 어떤 사람들은 지옥으로 떨어지고 있다. 작가는 그 옆에다 성 바르톨로메오의 벗겨진 껍질의 모습으로 자신의 자화상을 그렸다. (아래)
(사진촬영불허, 출처=위키피디아)

콘스탄틴의 방/가울리오 로미노 작품
이 그림은 폰테 밀비오 전투를 보여주고 있다. 이곳에서 콘스탄틴은 예수의 이름으로

싸워 312년 10월에 막센티우스를 격퇴시켰다. 이 전쟁이후 기독교는 로마제국 전역에 공식 국교로 공포되었다.(사진촬영불허, 출처=위키피디아)

시스티나 경당의 천장화 천지창조/미켈란젤로 작

시스티나 경당은 바티칸 내에 있는 경당으로, 15세기 후반에 건설되었다. 시스티나 경당은, 평소에 교황이 직접 미사를 집전하는 곳으로 사용되지만, 무엇보다도 유명한 이유는 콘클라베가 이루어지는 장소이기 때문이다. 콘클라베는 가톨릭 수장인 교황을 선출하는 추기경의 모임이다. 내부를 구성하는 사면의 벽과 천장이 당대의 대표 화가들의 작품으로 가득 차 있다. 1984년에 바티칸의 일부로 유네스코 세계유산에 등재되었다.(사진촬영불허, 출처=위키피디아)

이탈리아중부

성 천사 성
Castel Sant'Angelo

46 순례지

산탄젤로 성은 원래 하드리아누스 황제가 지은 가족 묘지였는데, 나중에 AD 6세기에 교황의 요새로 개조되었다. 590년에 교황 그레고리가 요새 위에 있는 천사를 보고 성스러운 천사라고 이름을 붙였다고 한다. 요새, 산탄젤로 다리, 산탄젤로 성은 고대 로마 지역의 서쪽 끝에 있는 테베레 강 유역에 위치해 있으며, 테베레 강 서쪽 강둑으로 이어지는 다리가 여러 개 있는데, 그 중 가장 중요한 것은 이 다리이다. 산탄젤로 성의 이 다리를 거닐면서 다리의 형태와 그 위의 다양한 정교한 조각들을 자세히 살펴보는 것도 좋다. 다리에 있는 천사 조각상 중 두 개는 베르니니가 조각한 조각상으로 보관을 위해 산타 아드레델 프라테 교회로 옮겨졌고, 두 개의 복제품이 다리 위에 놓여 있다. 수세기가 지나면서 산탄젤로 성은 몇 가지 변화를 겪었다. 처음에는 서고트족과 동고트족의 침략을 막기 위한 요새로, 그다음에는 감옥으로, 나중에는 웅장한 교황 궁으로 변모했다. 현재는 박물관으로 사용되고 있으며 교황 거주지의 치장 벽토, 프레스코화 및 가구 컬렉션 외에도 고대 무기도 이곳에서 중요하고 귀중한 컬렉션이다.

트레비 분수
Fontana di Trevi

47 관광지

트레비 분수는 로마의 트레비 지구에 있는 18세기 분수로, 이탈리아 건축가 니콜라 살비가 설계하고 주세페 파니니(Giuseppe Pannini)와 여러 다른 건축가들이 1762년에 완성했다. 높이 26.3미터, 너비 49.15미터로 로마에서 가장 큰 바로크 분수이자 세계에서 가장 유명한 분수 중 하나이다. 가장 잘 알려지고 가장 지속적인 전통은 "영원한 도시"를 떠나기 전에 분수에 동전을 던지는 것으로, 분수와 관련된 미신은 이 동작을 하는 사람이 미래에 도시로 돌아오는 것을 선호한다는 것이다. 동전은 오른손을 왼쪽 어깨에 대고 분수에 등을 돌리면서 던지도록 되어 있다고 한다. 이것은 1954년의 Three Coins in the Fountain의 주제가 되었고, 이 영화를 소개한 같은 이름의 아카데미상 수상 곡이었다. 매일 분수에 던져지는 돈은 약 3,000 유로로 추산된다. 2016년에는 약 140만 유로(미화 150만 달러)가 분수에 던져졌다. 분수에 던져진 돈은 자선 활동에 사용되는 카리타스 협회에 기부된다고 한다. 그러나 분수에서 동전을 훔치려는 시도가 정기적으로 발생하고 있지만 이는 불법이다.

이탈리아중부

진실의 입
Bocca della Verità

48 관광지

진실의 입(La Bocca della Verità)은 이탈리아 로마에 있는 대리석 가면 조각으로, 산타 마리아 인 코스메딘 성당의 서쪽 벽을 장식하고 있다. 이 거대한 가면 조각은 지름 1.5m에 무려 1,300kg이나 되는 무게를 지니고 있으며 아마도 바다의 신 오케아누스의 얼굴을 묘사한 것으로 추정한다. 눈구멍, 콧구멍, 입이 뚫려 있고, 현재까지 정확한 용도는 확인되지 않았다. 정복자 헤라클레스 신전의 배수구 덮개로 사용됐다는 추측이 있고, 가축 상인들이 반신 헤라클레스에게 제물로 바친 가축의 피를 바닥으로 흘려보내기 위해 만들어졌다는 설이 있다. '진실의 입'이라는 이름은 중세 시대에 '거짓말을 한 자는 이 조각의 입에 손을 넣어서 잘려도 좋다'라는 서약을 한 데에서 유래한다. 진실의 입은 1953년 영화 《로마의 휴일》에서 통신기자 조(그레고리 펙)가 진실의 입에 손을 넣고 물린 척 장난을 쳐 앤 공주(오드리 헵번)를 놀라게 하는 장면 덕분에 전 세계적으로 유명해졌다.

진실의 입을 보기위해 산타 마리아 인 코스메딘 성당 앞의 관광객

포룸 로마눔/포로 로마노
Forum Romanum

49 관광지

포룸 로마눔(라틴어: Forum Romanum)은 고대 로마 시대의 유적지이며, 이탈리아어로는 포로 로마노(이탈리아어: Foro Romano)라고 부른다. 이탈리아 로마 구도심 가운데에 있다. 주요 정부 기관 건물들이 직사각형 모양의 광장을 감싼 형태다. 고대 로마시기에 이곳을 포룸 마그눔(Forum Magnum)이나 포룸(Forum)이라고 불렀다.

로마 역사 내내 포룸 로마눔은 로마 정치와 경제의 중심지였다. 이곳에서 개선식, 공공 연설, 선거, 심지어는 검투사 경기까지 국가의 중대 행사를 열었다. 팔라티노 언덕과 캄피돌리오 언덕 사이 있으며, 현재는 몇몇 잔해와 기둥만 남아있다. 현재 어느 정도 발굴을 진행했고, 연간 450만 명 관광객이 방문한다. 고대 로마의 가장 중요한 건축물 대부분 바로 이 포룸 로마눔에 있었다. 로마에 세운 최초 사원과 신전은 이곳에 있었으며, 고대 왕궁, 베스타 신전, 베스타 여 사제들 거처 등 모두 이곳에 있었다. 포룸 로마눔의 건물들은 전체적으로 로마 제정 시기에 크게 확장했었다.

이탈리아중부

콜로세움
Colosseum

50 순례지

콜로세움(Colosseum, 이탈리아어: Colosseo)은 고대 로마 시대의 건축물 가운데 하나로 로마 제국 시대에 만들어진 타원형 경기장이다. 석회암, 응회암, 콘크리트, 홍예석 등으로 지어져 있고, 8만 명 이상의 관중을 수용할 수 있었다. 로마의 중심지에 위치하여 있고, 현재는 로마를 대표하는 유명한 관광지로 탈바꿈하였다.

콜로세움은 네로황제가 죽은 후 베스파시아누스 황제에 의해 80년경에 완공되었다. 박해시기 동안 이곳에서 피로써 신앙을 증거하신 순교자들을 기리며, 베네딕토 14세 교황(1740-1758 재위)은 콜로세움을 거룩한 장소로 선포하셨다. 지금도 '주님수난 성 금요일'이 되면 전 세계 신자들이 교황님과 함께 이곳에서 '십자가의 길'을 봉헌하며 행렬을 한다. 콜로세움은 지진과 약탈, 채석 같은 파괴 행위로 상당 부분이 손상을 입었으나, 여전히 로마의 상징과 같이 여겨지고 있다. 로마에서 가장 인기 있는 관광지 중 하나이다.

산 칼리스토의 카타콤베
Catacombe di San Callisto

51 순례지

로마 성벽 외곽의 많은 카타콤베 가운데 '희망의 순례자들'이 순례할 수 있는 대표적인 성지는 가장 규모가 큰 산 칼리스토의 카타콤베로 2세기에서 4세기까지 재위한 몇몇 교황의 유해가 묻혀 있기 때문에 교황 납골당이라고도 부른다. 그러나 납골당을 더는 사용하지 않고 남아 있던 유해들도 로마의 여러 성당으로 뿔뿔이 이장되면서 차츰 붕괴되었다. 갈리스토 카타콤베는 교황 갈리스토 1세가 아직 부제였던 시절에 교황 제피리노의 지시에 따라 만든 것으로 전해지고 있다. 갈리스토는 본래 이전부터 있었던 초기 기독교의 히포게움을 확장하여 오늘날의 카타콤베로 만들었다. 갈리스토 1세 본인은 아우렐리우스 가도에 있는 칼레포디우스 카타콤베에 안장되었다. 갈리스토 카타콤베와 납골당은 1854년 이탈리아의 고고학자 조반니 바티스타 데 로시에 의해 발굴되어 세상에 공개되었다.

마무리 글

어느 노 부부의 성지순례 제1편 지구 한 바퀴가 예상외로 반응이 좋아서 제2편 이탈리아 중부 편은 힘과 용기를 얻어서 좀 더 나은 성지순례 책이 될 수 있도록 사전에 많은 자료검토와 사전지식을 공부하였다.

공부를 하다 보니 일반적으로 패키지 성지순례는 물론 시간과 예산의 제약이 따르는 관계로 속속들이 보지 못하고 수박 겉핥기식으로 중요한 성지 몇 군데만 다닐 수밖에 없어서 '로마' 하면 성 베드로 성당과 시스티나 경당의 미켈란젤로 그림을 거의 밀려다니다시피 보고 나와서는 트레비분수, 콜로세움, 스페인 계단 등이 판박이로 정해진 코스가 되기 일쑤였다.

그러나 이번 이탈리아 성지순례 집필을 위해 자료조사를 하면서보니 성 베드로 대성전은 물론, 로마의 5대 성당 등 단체로는 잘 가기 힘든 숨어있는 성지를 발견하였다. 또한 카타리나 성녀의 흔적은 시에나에만 있는 것이 아니라 그 출발점은 로마라는 것도 새삼 터득하게 되었다.

또, 아시시를 진정한 성소의 도시로 만들어 준 프란치스코 성인과 성녀 클라라의 이야기를 다시 한 번 되새기게 하였으며, 다미안 십자가에 그려진 뜻과 여러 성인 성녀들이 누구인지도 확실하게 알 수 있는 계기가 되었다. 오상의 비오 성인의 성역에서는 너무나 화려하고 웅장한 금박 모자이크를 보고 어쩌면 성인의 삶에 대한 가치를 후세에서 왜곡되게 평가하게 만드는 것은 아닌지를 생각해 보게 하기도 했다.

아말피와 소렌토 그리고 나폴리는 그동안 관광지, 휴양지로만 알고 있었으나 그곳에도 숨은 보석 같은 성당과 성지가 있었구나하고 알게 된 계기가 되었다. 누구든지 이곳에 관광이나 휴양을 갈 기회가 된다면 동시에 성당도 꼭 들러보시기를 적극적으로 추천 드리면서, 일상을 훌훌 털어버리고 가볍게 배낭하나만 메고 훌쩍 떠나보기를 권한다. 또한, 우리 두 노인의 순례여정을 우려 반, 걱정 반으로 격려해 준 많은 지인들-성당교우, 선배, 친구, 친지 분들-에게도 감사의 인사를 전하며 마지막으로 해 주고 싶은 말은 "늦었다고 생각하는 지금이 가장 빠른 때" 라는 말이다. 끝으로, 이 순례를 무사히 마치도록 낮에는 구원의 그늘이 되어 주시고 밤에는 은총의 빛으로 밝혀 주신 주님께 감사드리며 이태리 중부 10여 일간의 순례 일정을 마무리 한다.

참고자료목록

https://operaduomo.siena.it/la-cattedrale/시에나두오모
http://operaduomo.siena.it/it/luoghi/museo/시에나 대성당박물관
https://visitsienaofficial.it/87-piazza-del-campo/캄포광장
https://museocivico.comune.siena.it/푸블리코궁전
https://www.basilicacateriniana.it/산 도메니코성당
https://www.sanfrancescoassisi.org/성 프란체스코성당(아시시)
http://www.assisimuseodiocesano.it/산 루피노 대성당(아시시)
http://www.assisisantachiara.it/산타 키아라 성당
http://www.santuariosandamiano.org/San Damiano
https://www.conventosantuariopadrepio.it/파드레 비오 교회
https://www.conventosantuariopadrepio.it/Santuario di San Pio da Pietrelcina
http://www.santuariosanmichele.it/Basilica Santuario di San Michele Arcangelo
https://www.donatelumen.org/cattedralefoggia_home_it/Foggia
http://www.parrocchiaamalfi.com/contatti/Duomo di Sant'Andrea Apostolo
http://www.comune.sorrento.na.it/pagina843_la-basilica-di-santantonino.html
http://www.chiesadinapoli.it/나폴리 대성당
https://www.museosansevero.it/Sansevero Chapel Museum
https://santamarialanova.com/Complesso Monumentale Santa Maria La Nova
https://www.comune.napoli.it/maschioangioino/누오보 성
https://www.basilicasantamariamaggiore.va/it.html/산타 마리아 마조레 대성전
https://www.basilicasangiovanni.va/it.html/산 조반니 인 라테라노 대성당
https://www.scala-santa.com/Pontifical Sanctuary of the Holy Stairs
http://www.basilicasanpaolo.org/성 밖 성 바오로 대성전
https://www.santamariasopraminerva.it/it/산타 마리아 소프라 미네르바 성당
https://www.turismoroma.it/it/luoghi/bocca-della-verit%C3%A0/진실의 입
https://vive.cultura.gov.it/it/이탈리아관광청
https://www.basilicasanpietro.va/it/성 베드로 대성전
https://www.museivaticani.va/content/museivaticani/it/collezioni/musei/cappella-sistina/storia-cappella-sistina.html/시스티나 경당
http://castelsantangelo.beniculturali.it/성천사성

MEMO